主体的に読む力をつける

国語授業

10の原理・100の原則

文学初級編

堀 裕嗣 著
Hori Hirotsugu

明治図書

まえがき

こんにちは。堀裕嗣（ほり・ひろつぐ）と申します。お初にお目にかかります。若い読者の皆さんにはおそらく「お初」だと思います。以後、お見知りおきを。

昔から文学教材の授業を苦手だと感じている教師が多いようです。昭和の時代にもそういう声をよく聞きましたし、平成の時代にもそうした声はよく聞きました。

「文学教材が苦手なんです。どうしたら良いでしょうか」

「文学教材の教材研究はどうすれば良いでしょうか」

「文学教材が読めるようになりたいのですが、何から始めれば良いのでしょうか」

国語セミナーに登壇すると、ＱＡコーナーでこうした質問がよく出ました。しかし、ここ数年は、ちょっとそれらの声の重みの次元が変わってきているのを感じます。

文学的文章教材の授業、特に物語・小説教材の授業がうまくいかない、困っている、どう授業して良いかわからない、それらの声が「何をして良いかわからない」というレベルになってきているのです。「指導書通りにやってはみるのですが、まったくうまく運ばないんです」といった声も聞きます。教師の教材研究時間のないことがもはや社会問題化している昨今、なんとか手軽に教材研究し授業化できる手立てはないものか、そんな声もよく聞きます。要するに教材研究の勘所、授業化の勘所がわからないということなのだろうと思います。

物語・小説教材の教材研究の方法は、「これが答えだ！」というマニュアルがあるわけではありません。それが昭和の時代から現在にかけて、「文学教材は苦手だ」と感じる教師を量産してきた理由なのだろうと思います。また、それだけに提案する側にも諸派諸説が入り乱れ、新しい提案が出ては消え、消えては出てきた要因なのだろうとも思います。指導書も学習活動は提示するものの、その教材の意味・意義に頁を割くことはしません。それがその教材の価値が曖昧なままに学習活動を提示して、なんとなくしっくり来ないという感慨を多くの教師にもたらしているようにも思えます。

本書では、こうした悩みを抱く若手教師に、「最大公約数としてこれだけは言えるよ」という授業方法と教材研究法について、10原理・100原則の形で提案することにしました。第一に物語・小説教材の構造を押さえるにはどうしたら良いのか、第二に構造を押さえたうえでディテール（＝細部）についてはどういうところを取り上げるべきか、第三に今後、教材研究力を高めていくにはどういったことに留意すれば良いのか、この三点について詳述しています。

ただし、本書の読者の皆さんに予め留意して欲しいのは、本書の提示しているのが物語・小説教材授業のあくまで「入口」であって、「完成形」を提示しているのではない、ということです。本書で基礎的な授業のつくり方を学んだ後は、どうか自分自身で授業法を改良したり開発したりして、自分なりの国語教室をつくっていくのだという意識をもっていただきたいと考えています。

文学教材の授業づくりに限らず、また国語科の授業づくりに限らず、授業づくりというものは生涯の教師生活をかけて追究していくものです。さまざまな教材と出会い、いろんな子どもたちと出会うことによって、自分の中にある方法が常に修正され、新しい方法が開発され、常に更新され続ける。それが自分自身の「方法論」として構築され、自分自身の「個性」として顕現されていく。そういうものです。

人間が人間を相手にして行うのが授業です。一人ひとりの教師がいろいろなら、一人ひとりの子どももいろいろです。決して「こうすればこうなる」式のマニュアルなど存在しないのです。どうか本書を「マニュアル」として捉えるのでなく、物語・小説教材授業の「ミニマム・エッセンシャルズ」だと捉えていただき、みなさんが個性的な「国語教室」を創造していくための基礎として機能させていただければ、と願っています。

また、本書で疑問に感じたところ、いま一つ理解するのが難しいというところがあった場合には、拙著『国語科授業づくり10の原理・100の言語技術　義務教育で培う国語学力』

（明治図書／二〇一六年三月）をご参照いただければ幸いです。本書では難しくなりすぎるだろうと割愛した部分が詳述されています。

本書が、物語・小説教材の授業づくりに悩む若手教師に少しでも参考となるなら、それは望外の幸甚です。

Contents

指導言を機能させる一〇の原則 074

小集団交流を機能させる一〇の原則　088

音読指導を機能させる一〇の原則　100

教材研究力を向上させる一〇の原則 188

あとがき

序章

かつて、国語科の物語・小説の授業が、現在の読み物資料道徳の授業のように行われていた時代がありました。登場人物の言動からその心情を読み取り、なぜそんなことをしたのか、なぜそんな台詞を言ってしまったのか、その言動にはどんな意味があるのかと、子どもたち同士で議論しながら授業が進んでいきました。「主題」という名の「徳目」も、国語の授業で普通に取り上げられていました。

しかも、道徳は原則として単発一時間で授業が終わりますが、国語科では教材を場面に分け、それぞれの場面を一～二時間かけて授業することを常としていました。もちろん漢字や語句の学習をしたり、感想文を書いたり続編を創作したりといった時間もありましたから、「ごんぎつね」や「大造じいさんとガン」を十五時間から二十時間かけて授業するなんていうことが普通に見られました。

そんな状況を受けて、国語科の授業において「文学的な文章の詳細な読解に偏りがちだった指導の在り方を改め」るという方針が文部科学省から提示されたのは一九九八年のことです。国語科という教科が「言語の教育」として先鋭化されたのです。それを機に、「ごんぎつね」や「大造じいさんとガン」は六時間程度、多くても八時間程度で授業されるようになりました。読者の皆さんの多くは、そうした国語の授業を受けてきた世代にあたるはずです。

それから四半世紀が経って、物語・小説を読めない大人が増えました。物語・小説が世の中から消え、一部の人だけに必要とされる趣味的な芸術となってしまうのならそれでも構わないのですが、いまだに一般に人々は物語・小説を必要とし、国語の教科書にも物語・小説が堂々と掲載される時代が続いています。結果、物語・小説を読めない教師が物語・小説を授業しなければならないというアンバランスが現象することと相成りました。若い教師が必要以上に国語の授業に苦労することになってしまったのです。

国語科が「文学的な文章の詳細な読解に偏」っていた時代には、「国語科授業の大家」と呼ばれる先生が各学校に一人二人いて、その先生に訊けば喜んで授業の仕方を教えてくれました。本屋に行けば教材別に発問・指示まで事細かに掲載され、それぞれの指導言の意味・意義まで解説されている書籍がたくさんありました。指導書だって学習活動よりも教材解釈に紙面が大きく割かれていました。そして何より、校内研究会で国語科の指導案が検討されることが頻繁にあって、そうした機会に参加しているうちに若手教師もだんだん成長していくという意図せぬシステムが敷かれていました。いまはこれらのすべてが姿を消してしまいました。

文学的文章教材の読解・鑑賞は、説明的文章教材のそれと比べて「経験がモノを言う」傾向があります。物語・小説をほとんど読んだことがないという教師よりも、本好きの高学年の子どもの方が読解力・鑑賞力に優れているということが頻繁に起こります。また、もしかしたら、保護者が本好きで幼少の頃から読み聞かせをしてもらえたという環境で育った小学校一年生が、直観的に教師の読解・鑑賞を超えてしまうというようなことさえあるかもしれません。教師はそのことに気づかないまま、そうした子どもたちが自分の授業から心が離れてしまうのを指をくわえて見ているだけ……ということになりかねません。考えれば考えるほど、怖ろしいことです。

本書では、国語授業づくりの「文学初級編」と題して、物語・小説教材を授業するうえで最低限の指導スキルと読解スキルとを紹介することとしました。これをマスターすれば完璧というものではありませんが、これをマスターすれば子どもを納得させる程度には物語・小説というものを理解できる、そうしたスキルを集めました。

本書の特徴は以下の二つです。

第一に、国語の授業、特に物語・小説の授業を成立させるための基本的な指導スキルについて、ミニマム・エッセンシャルズ、指導言の在り方、小集団交流の指導の仕方、音読指導の仕方の四項目について段階的に紹介しています。しかも文学的文章教材の授業を苦手とする若手教師でもすぐに身につけられるであろう、基礎的にして効果の高い指導スキルを取り上げました。

第二に、物語・小説教材のどのような箇所に注目すれば授業を成立させられるのか、その読解スキルについて、「設定」「構成」「描写」「主題」の四項目について取り上げました。それらを読み取るうえで、どのような発問でどのように展開すれば良いのかもできるだけわかりやすく紹介したつもりです。

本書はこの二つの観点で、読者の皆さんに伝えるべきことを絞りに絞りました。どうか本書をお読みになった後には、自分に引っかかってきたさまざまな文献に目を通し、先輩教師に尋ね、そしてできれば同世代の若者同士で議論していただければと思います。本書が若い皆さんにとって、国語科授業の基盤づくりの糧となることを願っています。

また、第一章では、国語科の授業づくりにおいて核となるような、基礎的な原理について理解していただくことにも大きく頁を割きました。

では、まず、国語科授業づくりの基本的な原理から話を進めていきましょう。

第一章

国語授業一〇の原理

文学初級編

1 先見性の原理

Twitterを眺めていると、若い教師の「明日の授業準備がゼロだ」という投稿を見ることがあります。日曜の夜によく見ます。週末に遊んでしまって、若干の後悔とともに明日から始まる一週間への不安を感じているのだろうと思います。

ただ、その裏には、週末は休むためにあるんだから、休んだこと自体は悪くないという思いも強くあるように思います。週末に授業準備をするなんておかしいのだから、それが故に明日の準備がなされていないとしても、それは自分が悪いのではない。そんな開き直りの気持ちもあるのかもしれません。私も週末というものは休むためにあるものだと思います。週末に疲れを癒したりどこかに出掛けてリフレッシュしたりすることは何も悪くはありません。むしろ奨励されるべきです。しかし、「明日の授業準備がゼロだ」と不安を感じるという実態には問題なしとは言えないでしょう。

「授業準備ゼロ」ということは、明日の授業で何をするか、何をしなければならないかの見通しが立っていないということです。それはつまり、いま何をすべき時期か、いま何をしなければならない時期なのかという認識が、その教師にないということを意味しています。授業というものが、その教材の何を、どのような指導言（＝発問・指示・説明）で扱っていくか、最後はどのようにまとめるかを毎回毎回ゼロから考えて構築するものだと認識している、そういうことを顕していています。それでは授業準備にあまりに時間がかかってしまいますし、「授業準備ゼロ」はまさしく「ゼロ」を意味するわけですから、それは不安が募ります。子どもたちの前で茫然と立ち尽くす自分の姿が浮かんでくるわけですから、出勤したくなくなるのも無理はありません。

実はこれは、四月のスタートで失敗したことを要因としています。

四月、新しい学年、新しい学級が決まりました。気持ちも新たに今年も頑張るぞと決意します。授業のことも気になりますから、教科書を開いてみます。どれどれ、どんな教材から始まるのかな。なるほど、これか……。

私は、そもそもこれが間違いの始まりなのだと考えています。年度当初に、教科書の最初の教材の教材研究をする。この発想が間違っているのです。新年度が始まって最初の教材の教材研究をする、授業開きの授業を真剣につくる、どちらも子どもたちとの出会いをスムーズにしようとするもので、それ自体は悪いことではありません。

確かに、一時間目をつくることはできるでしょう。二・三時間目くらいもつくれるかもしれません。でも、四月いっぱいの授業計画をつくることができるでしょうか。一学期いっぱいの授業をつくることができるでしょうか。できるはずがありません。とすれば、年度当初に三時間程度の授業をつくって満足した時点で、実は来週以降の授業準備ゼロ状態に陥っているということなのです。それは取りも直さず、毎週毎週新しい授業準備を自らに課すこと、つまり土日に教材研究しなければならないことを自らに課すことになってしまっているのです。年度当初は子どもたちばかりでなく教師も張り切っていますから、この構造に気づかないのです。

春休み、新年度の学年が決まってまず最初に開かなければならないのは、教科書の最後の教材です。二月下旬から三月上旬に授業することになる、その学年最後の教材ということです。例えばそれが「ごんぎつね」だったとしましょう。その「ごんぎつね」の授業でどのような学習活動ができれば自分は満足なのか。四年生の一年間を過ごした子どもたちはどのような学習活動ができることが求められているのか。そうした〈ゴールイメージ〉を想定してみるのです。

例えば、「ごんぎつね」を場面ごとの課題について自力で読めるようになって欲しい、子どもたちの小集団による話し合いで個々の意見を高めていけるようになって欲しい、小集団ごとの交流も入れて意見を闘わせたい、そんなことを考えたとしましょう。とすると、自力で読めるということはどういうことなのかということが問題になります。①課題に正対して意見をもつ、②論拠となる叙述を指摘できる、③それらの叙述のそれぞれに自分なりの解釈を施すことができる、簡単に言えば、このようなことが想定されるはずです。小集団交流によって高次の意見を生み出すには、①個々が自分の意見を遠慮なく言える、②それぞれの意見の共通点と相違点を整理できる、③相違点を検討して高次の見解を生み出すことができるといった能力が必要となります。小集団同士の意見交換をさせるなら、小集団のメンバーシャッフルや他の小集団の情報を得るためのシステムが必要かもしれません。こうしたことを細分化して想定することができるようになります。あとは、よし、四月・五月は徹底して論拠を指摘するということに専念しよう、小集団交流については四月はペア学習で、GW明けからは四人グループで交流させよう、小集団同士の情報交換は二学期後半から導入しよう、というような見通しが立ってくるわけです。

どうでしょうか。この見通しが立っていれば、「授業準備ゼロ」にはならないのではないでしょうか。何を課題とするか、何をどのくらい話し合わせるか、それだけを考えれば良くなります。「準備ゼロだ」と絶望的な気分になるのも避けられます。

もちろん、見通し通りに子どもたちが育たない場合もあります。見通しを超えて子どもたちが力をつける場合もあるでしょう。そんなときは〈ゴールイメージ〉を下方修正したり上方修正したりすれば良いだけです。何も困ることはないのです。

2 転移性の原理

かつて国語教育に、「教材を教えるか、教材で教えるか」という論争がありました。国語科の指導事項は教材の中にあるのか、教材の外にあるのかという議論です。

この論争にはほぼ決着がついていて、国語科は「教材で教える」教科であるとされるのが一般的です。要するに、「ごんぎつね」の授業は、「ごんぎつね」という物語を読解・鑑賞することそれ自体ではなく、「ごんぎつね」という物語を読むことを通じて〈読解の仕方〉〈鑑賞の仕方〉を学ぶために行われるのだ、ということです。

物語の授業があるのは、子どもたちが将来、物語・小説を自力で読めるようになるためです。教師の力を借りることなく、自分の力で、深く読めるようになることが目指されるわけです。その意味で、「ごんぎつね」で教えられたことは、その後、「大造じいさんとガン」を読むときにも「海の命」を読むときにも活かせるものでなくてはなりません。これを他の物語を読むときにも活かされる「転移する学力」と言います。

「ごんぎつね」は孤独な小ぎつねが、母親が亡くなって兵十も孤独になったのを知り、シンパシーを感じて兵十にさまざまなものを届けますが、その想いが伝わることなく兵十に撃たれて死んでしまうという「悲劇」です。例えばこの物語の主題を「想いが伝わらなかった悲劇」と捉えたとしましょう。「ごんぎつね」の授業はこの主題をまとめ、教えるだけでなく、どうしたら物語の主題を読み取ることができるのか、「主題の読み取り方」を教えなくてはならないということです。そのためには、物語を構造的に捉えるということを扱う必要があります。こうすれば、他の物語を読むときにも転移します。

もう少しわかりやすい例を挙げましょう。

「ごんぎつね」に次のような場面があります。

兵十がいなくなると、ごんは、ぴょいと草の中からとび出して、びくのそばへかけつけました。ちょいと、いたずらがしたくなったのです。ごんはびくの中の魚をつかみ出しては、はりきりあみのかかっているところより下手の川の中を目がけて、ぽんぽん投げこみました。どの魚も、「とぼん」と音を立てながら、にごった水の中へもぐりこみました。

（中略）ごんはじれったくなって、頭をびくの中につっこんで、うなぎを口にくわえました。うなぎは、キュッといって、ごんの首へまき付きました。そのとたんに兵十が、向こうから、「うわあ、ぬすっとぎつねめ。」と、どなりたてました。ごんは、びっくりしてとび上がりました。

「ごんぎつね」において、研究授業等でもよく扱われる場面の一つです。ごんと兵十という二人の登場人物の対立構図をよく表している場面だからです。ごんは「ちょいと」いたずらがしたくなっただけですから、ごんにとっては気軽ないたずらにすぎません。しかし、兵十は「うわあ、ぬすっとぎつねめ。」と怒り心頭です。生活がかかっているわけですから無理もありません。ついでに言うなら、この後ごんは首に巻き付いたうなぎを「うなぎの頭をかみくだき、やっとはずし」ますから、獣としても描かれています。兵十にとってはこのような獣が生活のかかったうなぎを口に咥えているに過ぎないわけです。

ところがごんはどのように描かれているかというと、「ちょいと」ばかりでなく、「ぴょいと」飛び出して「ぽんぽん」投げ込みます。どれもこれもごんのいたずらの気軽さを表しています。罪意識のない気軽ないたずらをしてしまうごんだからこそ、兵十が孤独になったのを知って栗や松茸を届けたりもするのです。こうした互いに理解し得ないごんと兵十の関係が終末の悲劇を生むことにつながるわけです。

しかし、このことが扱われただけでは、他の物語の読みに「転移する学力」を扱ったことにはなりません。「ぴょいと」も「ちょいと」も「ぽんぽん」も、「ごんぎつね」に特有の描写に過ぎません。「うわあ、ぬすっとぎつねめ。」も兵十の一台詞に過ぎないのです。しかし、同じようにこの場面を扱うにしても、「ぴょいと」「ちょいと」「ぽんぽん」のように、副詞には登場人物の気持ちが大きく顕れるものだと教えられたとしたらどうでしょう。「ぬすっとぎつねめ」の「め」のように、台詞の接尾語にはその発話者の心情が色濃く反映することがあると教えられたとしたらどうでしょう。こうなると、今後自分で物語・小説を読むときにも活きる学力、要するに「転移する学力」となるのです。

国語科は長く、「読む」という活動はするものの、「読み方」を教えないという悪弊に陥ってきました。これは算数・数学で言えば、問題は解かせるものの定義も定理も公式も教えないに等しい行為です。二十一世紀に入ってずいぶんと修正されてきてはいますが、まだまだ文学的文章教材においてはそのような傾向が続いている現実があります。これを「転移する学力」を扱うのだと強く意識する方向へ移していかなくてはなりません。

とは言っても、毎時間の授業でそんな整理の仕方は私にはできない、そう思われる方も多いと思います。私は数年前に、義務教育で培うべき「転移する学力」を一覧として整理しています。詳しくは拙著『国語科授業づくり10の原理・100の言語技術　義務教育で培う国語学力』（明治図書・二〇一六年）を御参照いただければ幸いです。国語の授業づくりに悩む皆さんの力になると確信しています。

3 恒常性の原理

皆さんは、国語の授業の〈フレーム〉が決まっているでしょうか。〈フレーム〉とは、小学校なら四十五分、中学校なら五十分の時間をどのように使うかということです。それが決まっていますか。

例えば、最初の五分は漢字の練習をして、その後小テストをするところから始まる。その後、音読練習が五分、最後の十分程度は課題に対する自分なりの解釈を作文する。このようなフレームがあるとしたら、子どもたちは毎時間の授業を安心して受けられます。そればかりか、授業の中の漢字や音読、作文が実質的にモジュールになっているわけですから、継続的な取り組みで学力をつけることもできます。支援を要する子にもわかりやすい仕組みとも言えます。

授業というものは子どもたちにとって、毎日新しい教材を学ぶことを意味します。同じ教材、同じ単元を学んでいる場合でも、扱われる場面が違うのですから新しい教材です。毎回の授業のフレームが変わるということは、教材の内容の新しさばかりでなく、授業の在り方、学習の仕方の新しさにも対応しなくてはならないことを意味します。せめて学習の仕方については、安定的な進め方で子どもたちに学びやすくしてあげてはどうでしょうか。授業のフレームを決めることにはこうした意義があります。

私たちだって毎朝出勤したとき、すぐに出勤のカードをかざし、ＰＣをつけて新しい連絡事項を確認した後、教室に行って教室環境を整えるというように、毎朝出勤直後にやるルーティンというのは決まっているのではないでしょうか。朝学活は何時から始まり、一時間目から六時間目までの時程も固定されている。その中身、要するに教科が違うだけで、一日の過ごし方のフレームは決まっているわけです。これがあることによって私たちも戸惑うことなく、毎日仕事をすることができるわけです。

これが毎日仕事の仕方が違い、それが毎朝新しく説明されるとしたら、どうなるでしょうか。大人でも抜けることが多くなるはずです。想像するのも怖ろしいことです。だからこそ、いつものルーティンとは異なる動きをする学校行事の時程は、各部で細かく検討され、学年会議や職員会議で何度も確認されるのです。それでも私たちは行事の日、当日に時程プリントを見ながら行動するはずです。新しいことに取り組むとは、実はそういうことなのです。

授業のフレームが決まっていないということは、実は子どもたちにとって、毎時間、この新しいことへの対応を課しているのだということを、教師はもう少し自覚すべきです。

もちろん、毎日入れ替わる授業の流れに対応できる子はいます。しかし、それは学級の何割くらいでしょうか。冒頭の説明の一部を聞き漏らし、「さっき言ったでしょ」と注意を受ける、しかも同じ子が毎時間のように注意される、そんなことになっていないでしょうか。そこにはその子ばかりでなく、教師の責任も大きく関与しているのです。

文学的文章教材の授業は、教材の特性が特に色濃く授業の進め方に反映されます。物語・小説と詩と古典では、授業の進め方が大きく異なります。それでも、例えば、次のような大まかな流れは共通させることができるはずです。

①今日学習する場面を音読する。
②今日学習する課題が提示される。
③課題に対して、教材を読みながら一人で考える。
④小集団で各自で考えた意見を交流し、グループの意見をまとめる。
⑤各グループの意見を全体の場で比較・検討する。
⑥全体での検討を踏まえて、自分の意見をワークシート等に書く。
⑦確認のために、今日学習した場面を再び音読する。

いかがでしょうか。詩や古典であれば、①の音読の時間が物語・小説よりも長くなったり、物語・小説では課題によっては③④の自力思考が多少困難であったりという違いはあり得るかもしれませんが、だいたいこの流れで対応できるはずです。

もちろん私は、この流れが一番良いとか絶対だとか言いたいわけではありません。例えばこのような流れが大まかにでも固定されていることによって、子どもたちが見通しをもって授業に臨むことができ、安心してその場のやるべきことに取り組むことができるのだと主張しているのです。

例えば、③課題に対して、教材を読みながら一人で考えるという段階において、子どもたちは教科書に線を引いたり必要な箇所をノートに書き写したりします。こうしたことに取り組むとき、次に小集団でこれらを検討するのだとわかっている場合とわかっていない場合とでは、その在り方も変わるのではないでしょうか。次の活動が小集団交流だとわかっていれば、「ここは大切だ。他の人たちもそう思っているに違いない」「うん？　ここは迷うところだな。一応挙げておいてあとでみんなに訊いてみよう」といった、こうした思考が生まれるのではないでしょうか。そして実は、こうした思考こそが後の小集団交流への意欲を高め、小集団交流自体をも豊かにし機能させるのです。

私は子どもたちが安心して学習に取り組めるように、原則として授業の進め方のフレームを固めることを、授業における「恒常性の原理」と呼んでいます。国語科授業を安定的に進めていくために、教師が意識しなくてはならない原理だと考えています。

4 教授性の原理

国語科は他教科に比べて、子どもたちに教えなくてはならない知識が少ないという印象をおもちの読者が多いかもしれません。国語科で知識として教えなければならないのは漢字くらいだと。しかし、決してそんなことはありません。国語にも子どもたちに教え、定着させなくてはならない用語がたくさんあります。

例えば、皆さんは「比喩」を教えているはずです。「倒置法」や「反復法」「体言止め」も教えるはずです。こうした表現技法は作者の表現の工夫を担っているわけですから、文学的文章教材を扱うにあたってかなり重要な指導事項です。

「比喩」には下位項目があり、一般的に指導されているだけでも「直喩法」「隠喩法」「擬人法」「擬声語」「擬態語」があります。これらはすべて「喩《たと》え」の技法で、物語や詩の表現を豊かにしています。また、「倒置法」「反復法」「体言止め」などは、基本的に「強調」の技法です。作者がこの部分を強調したいと考えたとき、これらの技法が用いられます。作者は何を何に喩えているのか、そしてそれはどういう効果があるのか、この強調表現によって作者は何を強調しているのか、そしてそれはなぜ強調されなければならないのか、こうしたことが扱われることになります。

皆さんは「句読点」を教えていると思います。「。」を句点、「、」を読点と言い、両者をあわせて「句読点」です。しかし、これらの用語を完全に定着させているという国語教室はほとんどありません。国語の授業だけでなくすべての教科の教科書で毎日見ているはずなのに、国語の時間には少なくとも間接的には話題にならない日はないはずなのに、「マル」「テン」と呼ぶことによって「句読点」「句点」「読点」という用語は定着しないのです。その他にも基礎的な言語記号として、「疑問符」（？）、「感嘆符」（！）、「リーダー」（……）、「ダッシュ」（――）などたくさんあります。こうした文章をつくる基礎的な記号もほとんど教えられていない現実があります。

これに加えて、「転移性の原理」でも述べましたが、国語科には本来はちゃんと教えられるべきなのに教えられていないことがたくさんあります。「副詞」や「接尾語」や「文末」が登場人物の気持ちを色濃く反映しているとか、登場人物の描写は「行動描写」と「心情描写」と「会話文」に分けることができるとか、知っていれば文学的文章を豊かに読めるのに教えられていないということが目白押しです。それは課題について話し合ったり主題をまとめたりという「活動」は行われるのですが、そこにどうやって到達したか、何を根拠に到達したかという「指導事項」（「言語技術」と言っても良いですし、「学習用語」と呼ばれることもあります）は教えられない、という国語科の悪弊に起因しています。こうした現状は「活動あって指導なし」「活動あって学習なし」と揶揄されています。

こうした国語科で扱われるべき指導事項は、一度くらい教えても決して定着しません。成績上位の子どもたちにすら定着しないのが現実です。何度も何度も、教材に出てくる度に指導し続けてやっと定着する、そうした特徴をもっています。こうした特徴をもつとわかっているわけですから、その特徴に鑑みて日常的に指導し続けて定着させるのが教師の務めなのです。

こうした現状に陥る一番の原因は、言葉の技術的側面に対する教師の意識が低いことにあります。言葉の技術的側面というものが、日常的な体験の中でその効果はなんとなく知っているものの、ちゃんとは理解されないまま放置されている現実があり、教師も日常的な生活人の一人ですから放置してしまっているのです。「句点」を「マル」、「読点」を「テン」と呼ぶのはもとより、「？」も「疑問符」と呼ばれることはほとんどなく、「クエスチョンマーク」と呼ばれたり、ひどい場合には国語教室でも「はてな」と呼ばれたりします。「！」に至っては「ビックリマーク」と呼ばれるのが日常でしょう。しかし、国語教室では、「。」と「？」と「！」は文を終わらせることのできる、たった三つしかない重要な記号なのです。決して蔑ろにされて良い記号ではありません。

「……」は「テンテンテン」と呼ばれ、インターネット上で最近は特に使用されます。文に「間」を置いたり、文末に用いられて余韻を残したりしますが、その使い方は原稿用紙なら二マスを使って、三点ずつ六点をワンセットで使うという基本的なルールがあります。ところが、学級通信や原稿といった教師の文章を見ていても、「・・・」といわゆる「ナカグロ（・）」で三マス使って書く文章をよく目にします。現代人も文末で余韻を残すことが好きな人が多いようなので、情感を込めて使っているのでしょうが、使い方が間違っているのでは読んでいて興覚めです。読んでいるこちらの方が恥ずかしくなってくるほどです。教えるべきことをちゃんと教えないということは、こうした「恥ずかしい人たち」を拡大再生産することにつながるのです。

国語科でも、教えるべきことはしっかりと教えなくてはなりません。確かに社会科や理科に比べたら、国語科は教えるべき知識は項目としては少ないかもしれません。しかし、だからこそ、教えるべき指導事項はしっかり教え、一度扱うだけで満足せずにしっかりと定着するまで扱い続けなければならないのです。「一度教えました」というのは、教師が言い訳できるというだけの「アリバイづくり」の授業に過ぎません。「日常的に用いる表現・理解の道具」としての言語だからこそ、思考や感情のもととなるような「存在それ自体を規定する性質」をもつ言語だからこそ、定着させなくては意味がないのです。

5 体感性の原理

国語科には「教えられない領域」があります。教えようとしても原理的に教えることができない領域です。例えば音読。例えば暗唱。例えば作文。例えば話し合い。こんな風に読むと良いよ、こんな風に覚えると良いよ、こんな風に書くと良いよ、こんな風に話し合えば良いよと「方向性」を伝えることはできますが、こうすれば百万点になるという答えがあるタイプの学習領域ではありません。これらはすべて、子どもたちが繰り返し取り組む中で、体感したことだけが学力として定着していく、そうした性質をもつ領域です。

とすれば、こうしたタイプの学習は、授業の中でどれだけ活動機会を保障していくかということが問題になります。文章の音読は読めば読むほど上手くなります。古文の暗唱はすればするほど韻律が身につきます。作文を書かなければ、話し合いを体験しなければ、作文も話し合いも絶対に上達しません。

私は中学校の国語教師としては、音読を大切にしている割と珍しいタイプの教師です。新しい教材に入ると必ず範読・音読で一時間をまるごと使いますし、古典や短歌・俳句はほぼすべて暗唱させます。音読テストや朗読テストと称して、一人一人に音読させたり朗読させたりもします。これらはすべて、子どもたちの活動機会を保障することを第一義として取り組んでいます。私はこれを「浴びるほど読ませる」と言っています。

音読ができない子は黙読もできません。黙読ができるのに音読ができないということは、発声に難のある子でない限りあり得ないのです。もちろん社会に出たら音読の機会はほとんどありません。大人社会ではほぼ黙読です。しかし、義務教育の国語科が将来の言語生活の基礎固めをする学習であるとすれば、小中学校ではしっかりと音読に取り組ませる必要があります。音朗読のできる子は将来子どもができたときに、子どもに読み聞かせをすることも厭わないだろうという想いもあります。

音読ができる、音読が苦にならない、音朗読が好きである、卒業時の段階は異なるかもしれません。しかし、音読ができるのとできないのとでは、将来に与える影響は決して小さくないと考えています。その意味で、私は「浴びるほど読ませる」のです。時間をつくっては音読・暗唱させるのです。

私は作文もかなり書かせます。やはり、浴びるほど書かせています。ほぼ毎時間書かせます。それも長い文章ではなく、二〇〇字の短作文を多く書かせます。四〇〇字や八〇〇字の作文を書かせるのは年に三、四回程度に過ぎません。四〇〇字の作文は三段落、つまり一つのまとまりをもつ短作文が三つ集まったものに過ぎません。八〇〇字なら短作文が五つ集まったものです。その意味で、短作文が書ければ長い作文は書けるのです。私もいま、一つずつの段落を短作文として書きながら、それを連ねることによって一冊をまとめようとしています。文章とはそういうものです。文章を書けるようになるには、短作文に習熟することがなにより大切なのです。

短作文を書かせる際、私は子どもたちに「今月の課題」を与えます。四月なら「一文を短く」。二〇〇字の作文で句点を六つ以上という課題を与えます。よく、主述が乱れる子がいますが、これは一文が長いからです。「昨日、公園にタカシくんが遊んでとてもおもしろかったです」というような文を書く子です。「昨日、公園に行きました。タカシくんがいました。いっしょに遊びました。とてもおもしろかったです」と短い文を四つ連ねれば、主述が乱れることはありません。短い一文を連ねることができない子に長い一文を書くことは不可能なのです。

八割以上の子どもたちに定着したなと思えば、五月は別の課題に移行します。まだまだだと思えば、その課題を五月も継続します。要するに定着するまで、体感するまでそれを続けるわけです。その次は、「第一文で結論をズバリ書く」になります。要するに頭括法です。その後は「論拠を二つ以上」「論拠にナンバリングを使う」「論拠一つにつき二文以上」「各論拠の第一文にラベリングを使う」と続いていきます。どれも八割定着で次に行きます。定着していない子は、前の課題のままです。この課題ができたか否かを評定資料にはしないと伝えているので、子どもたちも自分の現状に応じて課題意識をもって取り組みます。

なかなか定着しないのは、「視点を一致させる」という課題です。例えば、「恒常性の原理」で提示した次の二つの文で考えてみます。

①今日学習する場面を音読する。

②今日学習する課題が提示される。

「音読する」のも「提示される」のも子どもです。これは視点が一致しています。つまり、述語の主語が一致しているのです。しかし、もしもこれが、

①今日学習する場面を音読する。

②今日学習する課題を提示する。

であったとしたら、「音読する」のは子どもなのに、「提示する」のは教師です。学習過程を項目として並べているのに、視点が乱れているのです。これは大人でもできない人が多くいます。もっと言うなら、教師でもできていない人をよく見ます。配付された指導案を見ていると、七・八割はこのような乱れが見られるほどです。意識して取り組み、体感するまで習熟させなくては身につかないという何よりの証拠です。

6 演繹性の原理

ある指導事項を活動とともに指導しようとする場合、授業展開の仕方には次のような二つの方向性があります。

一つはその指導事項を教えて、さあ、それを使って活動してごらんという展開の仕方です。子どもたちは活動している間、教えられた指導事項を意識しながら活動することになります。活動を終えると、「なるほど、この技術は便利だ」と実感することになる、そうした授業展開です。

もう一つは取り敢えず活動させてみて、その活動を振り返る中でどんなことに留意していたかを子どもたちに整理させる、それをまとめることによって指導事項とする、そうした展開の仕方です。子どもたちは活動している間、無意識にいろいろな技術を使っているものです。その後、振り返ることによって無意識を意識化する、潜在を顕在化する、そうした授業展開です。

後者は授業展開としては前者よりも高度です。また、子どもたちが普段から意識しているわけではないことや、子どもたちがまったく知らなくて使ったこともないような技術を指導事項とする授業では、原理的に不可能な授業展開です。その意味で、教師はまず前者のような授業展開に習熟する必要があります。私は前者を「演繹的な指導法」、後者を「帰納的な指導法」と呼んでいます。

教えるべきことはしっかりと教え、習熟するまで指導し続けなければならない。本書でもこれまで何度も繰り返し述べてきました。どんな指導事項も初めて教えるという場合には、演繹的指導にならざるを得ません。

例えば、「比喩」の五種類を教える場合なら、「直喩法」「隠喩法」「擬人法」「擬声語」「擬態語」のそれぞれについて、どういう定義でどんな効果があるのかをきちんと整理して伝えなくてはなりません。一つずつ扱うよりは、五つまとめて扱った方が子どもたちにはわかりやすいと言えます。何かを知るということは、そのこと独自の特徴を理解するということです。それはつまり、他との違いがわかるということでもあります。

教師は一つ一つ扱った方がわかりやすく丁寧だと考えがちですが、必ずしもそうではないのです。違いがわからないことにはそれぞれを見分けられないからです。

「さあ、この物語から比喩を探して線を引いてごらん」という活動をするとき、直喩と隠喩だけを探すのと、五種類すべてを探すのとでは、その機能には雲泥の差が出ます。前者の場合、子どもたちの思考は喩えを探し、「〜のように」「〜のごとく」という明確な喩えの表現があるか否かという機械的な作業だけに向かいます。擬人法が使われている箇所を見つけたとしても、その多くは隠喩法に分類されてしまうでしょう。しかもあとになって「これは擬人法と言ってね、人物でないものを人物のように喩える特別な比喩なんだ」と指導されるのでは、子どもたちとしては騙し討ちに遭った気分になります。完全な後出しじゃんけんなのですから当然のことです。

ちゃんと全体像を理解したうえで、見つけた喩えがそれらのどれに当たるのか、ちゃんと見分けてみる。そうした活動の方が子どもたちの思考も機械的な思考ばかりでなく、それぞれの違いや効果を考えながら分類していくことにつながります。中には直喩と擬人が組み合わされていたり、隠喩と擬人が組み合わされていたりといった豊かな喩えもありますから、そうした高度な構造に気づく子どもも出るかもしれません。子どもたちとしてもやり甲斐があるというものです。

ただし、「比喩を使って文をつくってごらん」という活動をする場合には、同じようにはいきません。五種類のうちどれか一つを使って文をつくるという場合、一番簡単なのは擬声・擬態を使うことです。文章を書くことを苦手としている子はそちらの方に逃げるかもしれません。成績上位の子どもたちはより難しいものに挑戦しようとするでしょう。これでは教師の指示が学習格差をつくってしまうことになります。こうした場合には、一つに絞って、「直喩を使って文をつくりなさい」「隠喩を使って文をつくりなさい」と分けた方が良いということになります。或いは、「擬声」「擬態」「直喩」「隠喩」「擬人」の順で取り組ませ、「一つできるごとに先生に見せに来なさい」という指導の在り方もあるかもしれません。五つ終わった子はもう一周取り組ませれば、時間差もなくせます。

このようにひと言に「演繹的な指導」と言っても、目的や指導形態によって、活動への取り組ませ方は変わるのです。

前節「体感性の原理」で私が例に挙げた「短作文の毎月の課題」も、「演繹的な指導」の一形態です。「いまは一文を短くしなくてはならない。そのために句点を稼がなきゃ」と意識しながら作文を書く。「いまは論拠を二つ以上集めなきゃならないから、これだけじゃ足りないからもう一つ必要だな」と改めて論拠を探す。こうした指導事項を一つ提示されて活動してみる。更にはそれがひと月からふた月、何十時間にもわたって続く。みんなが同じことに取り組んでいますから、先生や友達に参考意見を訊くこともできる。一つのことを学び、習熟していくにはとても良い条件が揃っています。

繰り返しになりますが、教えるべきことはしっかりと教え、習熟するまで指導し続けなければなりません。そして習熟するまでには「浴びるほど取り組む」という活動が何度も何度も保障されなくては身につかないのです。

7 帰納性の原理

前節でも述べた通り、「帰納的な指導」は「演繹的な指導」よりも授業を展開する教師としては高度な授業形態です。教えるべきことを教えて、その通りに活動せよということは準備ができます。しかし、子どもたちに活動させてみてその中から指導事項を抽出しようという試みは、準備のできない要素、つまり予想外の要素が必ず出てきます。何より子どもたちの言語生活の実態が見えていないと、なかなか取り組むのに臆する授業形態であると言えます。

しかし、「帰納的な指導」は子どもたちにとって、「無意識の意識化」であり「潜在の顕在化」ですから、やり甲斐があるとともに定着も早いという傾向があることは間違いありません。その意味では、教師は「演繹的な指導」の在り方に満足するのではなく、少しずつでも「帰納的な指導」の在り方を身につけていくべきだと私は考えています。

まず第一に、既習事項については機会あるごとに帰納的指導で取り上げるということが挙げられます。子どもたちから意見が出たときに「なるほど、それはどこから言えるの？」と問いかける。本文中の論拠を求めるわけです。「それは○頁の○行目に『ちょいと』と書いてあるからです」と返ってくれば、「そういうの何に注目するって言ったけ？」と問い返して、「そう、副詞に注目すると登場人物の心情が見えてくるんだったね」と取り上げる。「この文は『〜だ』で終わってるから強い思いがあります」と返ってくれば、「おう！　文末に着目したんだね。習ったことをちゃんと生かしててえらいね」などと褒める。こうした授業中の言葉がけも十分「帰納的な指導」です。

ちなみに、こうした指導事項の指導には三つあります。新しい指導事項として、その時間で中心的に取り立てて扱う指導を「取り立て指導」、既習事項が授業の中で話題となったときに、短い時間でちょっとだけ取り上げて再度指導することを「取り上げ指導」と言います。また、「もしもこの『ちょいと』がなかったとしたら意味はどう変わる？」とか、「もしもこの『ちょいと』が『ちょっと』だったらイメージはどう変わる？」などと、既習事項についてその効果を豊かに考えさせるために扱う指導を「含み指導」と言います。

これらの場合の「取り上げ指導」と「含み指導」は、どちらも「帰納的な指導」になります。どちらも事前に準備しているというよりは、たまたま子どもの発言の中に既習事項があったので、教師がその場で思いついて発している指導言です。事前に準備して指導案に書き込むような「攻めの指導言」ではなく、その場で臨機応変に対応する「受けの指導言」とでも言うべきものであるわけです。ベテラン教師の多くや授業名人と呼ばれる教師たちは、この「受けの指導言」の妙をもっています。そしてそれは国語の場合、既習事項の「取り上げ指導」や「含み指導」である場合が多いのです。

第二に、初めてその指導事項を教える場合に事前に必要感を抱かせるのにも適しています。例えば、頭括法を教えるという場合に、まず具体例を教師が長々と説明して見せる。「○頁の○行目からかくかくしかじかと書いてある。これはうんたらかんたらという意味にもとれるし、うんぬんかんぬんという意味にもとれる。また、△頁の△行目には～」

教師がこんな風にやって見せる。子どもたちとしては何のためにその話がされているのかわからない。聞いてはいるけれど、先生が結局何を言いたいのかわからないからもやもやする。さんざん長々と説明したうえで、「だから先生はいまのところ、どちらとも言えると思うんです」と終わる。子どもたちは「えっ？」となります。「なんだい、最初から言ってよ～」ということになります。

そこで、「どうすればいい？」と訊きます。子どもたちは最初に結論を述べれば、その後何のためにその具体例が挙げられているのかがわかるので、聞いている側も理解しやすいし聞きやすい、と言うはずです。そこで初めて「頭括法」という用語が与えられ、その定義と機能性が提示されるわけです。これも立派な「帰納的な指導」の一つです。

第三に、話し合い活動において、子どもたちの活動に困難が生じたときの指導の在り方としても「帰納的な指導」は有効です。例えば、子どもたちが二派に分かれ、喧々囂々と議論しているとき、水掛け論のようになって論点を見失ってしまうというようなことがよく起こります。そんなとき教師としては、論点がどこにあるのか、どうすれば建設的な議論になるのかを助言してあげることが必要でしょう。「誰か、ここで論点整理できる人いる?」と子どもに整理させられればなお良いかもしれません。これを演繹的に、事前に「論点を見失わないように議論しようね」などと指導しても、何も指導していないのと同じになります。こうした指導には「帰納的な指導」しかあり得ないわけです。

いずれにしても、こうした論点整理には、教材本文から対象箇所を指摘して、ここの部分の捉えが違うようだとか、ここからプラスのイメージを受ける人とマイナスのイメージを受ける人の違いみたいだねとかいった、「メタ認知」視点が必要とされます。これが論点整理がなかなか子どもたちに難しい理由であり、力量の高い教師でないとなかなか論点整理に踏み込めないという理由にもなっています。教師に教材本文研究が必要だとされる大きな理由の一つです。

若い教師の中には失敗を怖れて、なかなか「帰納的な指導」に踏み込めない教師が多いようです。しかし、これができるようにならないと国語の授業は成立しないのです。少しずつでも「帰納的な指導」に意識的に取り組んでいってほしいと思います。

8 習熟性の原理

国語科の指導事項は、言葉の使い方、つまり「技術」の側面を大きくもっています。国語科では九〇年頃から、それが「言語技術」と呼ばれるようになりました。「言語技術教育学会」という学会も設立され、いまなお研究が続けられています。

言語技術教育を実践している教師によく見られるのが、ある技術を一度指導しただけで事足れりとしてしまう傾向です。言語技術に限らず、「技術」と呼ばれるすべてのものは一度指導した程度で身につくような簡単なものではありません。習熟するために何度も何度も繰り返し練習して次第にそれが少しずつ定着していく、そうしたものです。野球選手が素振りを繰り返したり、武道で型を重んじたりということを思い浮かべれば容易にイメージできるはずです。言語技術も同じです。一度指導したくらいで子どもたちに身につくと考えるのは浅はかです。繰り返し繰り返し、すべての子に定着するまでしつこくしつこく指導し続けなければなりません。たかが技術、されど技術なのです。

言語技術に限らず、「技術」と呼ばれるものはすべて、その技術を知っていることには何の価値もなく、その技術を使えるようになって初めて価値をもつという特質をもっています。つまり、言語技術は「覚えてナンボ」のものではなく、「使えてナンボ」のものなのです。ですから、言語技術教育における私たちの目的は、子どもたちが言語技術を〈使える〉状態になるまで高めることです。使いこなせる状態にまで定着させることです。

では、子どもたちは、言語技術をどのような段階を経て身につけていくのでしょうか。

子どもたちが言語技術を身につける、つまり言語技術を「使える」ようになるためには、まずはそうした言語技術があるのだということを知ることから始まります。例えば、作文において効果的に比喩を使うためには「比喩」という概念を知らなくては使えないでしょう。また、「設疑法」という言語技術があることを知識としてもっていないと、多くの論説文が冒頭で読者に問いを投げかけ、それに応える形で論を進めていく構成をとっていることにはなかなか気づけないものです。ましてや、自分で意見文や主張文を書くときにこの構成を用いることなどほとんどあり得ないでしょう。従って言語技術教育は、まずは何を措いても言語表現に効果をもたらす技術に関する「知識」をもたせることから始まります。この言語技術に関する「知識」をもつ段階、まだうまくは使えないけれど、その言語技術が言語表現に効果をもたらすということを知っている状態、この状態を私は〈言語知識〉の段階と呼んでいます。

そういう言語技術があるという「知識」をもつと、その後にその言語知識を「意識しながら使ってみる」という段階があります。これを〈言語技術〉の段階と言います。例えば、スピーチをするときに、「よし！　ナンバリングとラベリングを使って、聞き手にわかりやすく構成しよう」などと考えて、「ナンバリング」や「ラベリング」を意識的に使っている、そういう段階のことです。

ところが、技術というものは何度も何度も使い慣れ習熟していくうちに、意識しなくても使えるようになっていきます。野球の素振りでも武道の型でも、何度も何度も反復することによってそれと意識しなくてもできるようになろうとしているわけです。言語技術もこれと同じです。「ナンバリング」や「ラベリング」にしても、最初は意識しながら使わないと使えないという状態が続きますが、常に意識しながら使っているとそういう話し方・書き方が当然のことになってきて、最終的には意識しなくても使えるという状態になるのです。実生活上でも「技術に習熟する」「技術が血肉化する」「技術が溶ける」などいろいろな言い方がされますが、一般に意識しなくても使えるようになっている技術のことを「技能」と呼びます。そこで、言語技術教育でもこの段階に至ったとき、私は〈言語技能〉の段階と呼ぶことにしています。

要するに、いわゆる言語技術には「言語知識→言語技術→言語技能」という「習熟三段階」があるのだということです。子どもたちに言語技術を養おうとするとき、この「習熟三段階」を意識しておくことが必要です。「習熟する」とか、「定着させる」とか、教師は安易に言いますが、その内実はかなり時間と労力を要するのです。

「習熟三段階」を意識すると、子どもたちの言語技術の習熟度合を評価することができます。頭括で発言するということはほとんどの子どもたちが〈言語技能〉の段階と言って良いくらいに習熟してきた。ただ、この子とこの子はまだ〈言語技術〉の段階だから、指導しつづけなければならないな。こんな風に子どもたちの実態を捉えることに役立つわけです。

また、学年や学期を目処とした到達目標を設定するのにも役立ちます。いまは小学校三年生だから、技術Aは〈言語技能〉の段階を目指すけれど、技術Bと技術Cは〈言語技術〉の段階で十分だろう。とすれば、技術Aは一学期の早い段階に指導して、一年間かけて徹底的に反復指導しなくちゃいけない。でも、技術B・Cは急がなくて良いから、教えるのは二学期後半で良いな。そんな判断ができるようになるわけです。

本書冒頭に「先見性の原理」で述べましたが、子どもたちを指導していくうえで、一年間を見通して段階的に指導していくことはとても大切です。しかし、その一年間の見通しは、教師の「子どもたちを見る目」と「教材を理解する目」とに支えられます。前者を身につけるためにも、「習熟三段階」の目処をもつことは大きく役立つものと思います。

9 凝縮性の原理

学習指導要領の改訂に伴い、目標・内容が資質・能力の三つの柱で構成されることになりました。国語科の評価観点もそれまでの活動領域別から、「知識・理解・技能」「思考・判断・表現」「主体的に学習に取り組む態度」へと変更になりました。他教科と観点を並べることになったわけです。それに伴い、「個別最適化の学び」「自己調整学習」といった新しい概念も重視されることになったのは周知の通りです。

こうした流れとともに、〈アクティブ・ラーニング〉（以下「ＡＬ」）が流布し、〈アイスブレイキング〉や〈インストラクション〉、〈ファシリテイト〉機能が重視されるようになり、〈ポートフォリオ〉や〈リフレクション〉も脚光を浴びました。いまではグループワークのない授業や学習記録表のない授業の方が珍しくなっている状況です。しかし、それらがほんとうに機能しているかというと、なかなか難しいものがあります。〈ＡＬ〉は交流させっ放し、〈ポートフォリオ〉や〈リフレクション〉も書かせっ放し、評定時期になって教師が慌てて見直すなんていうことも少なくありません。私には昨今の授業が、それらしく見える形式主義に走りすぎているように見えます。

ここで一つだけ確認しておきたいことがあります。それは「学び」というものが最終的には「個人」のものである、ということです。その意味で、グループワークにしても体験活動的なワークショップにしても、最終的には、子どもたち一人ひとりに自分自身の「学び」を確認させることが大切になります。私はこれを「パーソナライズの原理」と呼んでいます。詳細は拙著『一斉授業10の原理・100の原則』（学事出版・二〇一二年）、『AL授業10の原理・100の原則』（明治図書・二〇二三年）を御参照いただければ幸いです。

さて、「学び」というものを最終的には「個人」のものであると規定した場合、子どもたちに「学び」を自覚させるツールとして機能するのは、〈ポートフォリオ〉と〈リフレクション〉ということになるでしょう。その意味で、昨今の授業では毎時間のようにその授業の学びを振り返らせ、三行程度の学習記録として記述させることが流行しています。これを集積すれば、それらの学習記録が元ポートフォリオとして機能し、学期末にそれらを見通して凝縮ポートフォリオ化させることができる。そしてそれを「主体的態度」の評価資料として使える。そういう論理なのだろうと思います。

しかし、毎時間の学習記録がひどく浅い。「今日は～について学びました」「今日は～がわかって勉強になりました」「今日は～についてみんなで交流して楽しかったです」「今日は～についてみんなで交流して、いろんな意見があるんだなと思いました」といった、その日の学びの振り返りではなく、扱われた項目の羅列や取り組んだ活動の感想であることが多いのです。自分の思考がどのように巡ったかとか、自分がどこでどのような発見をしたかなどは記録として書かれないわけです。これが〈リフレクション〉と言えるのかどうか、私は懐疑的にならざるを得ません。項目の羅列や活動の感想を学期末に凝縮化することにもあまり意味はありません。それらはやはり、現象の羅列と感想にならざるを得ないからです。

これまでにも何度か述べてきましたが、私はその時間の課題について、毎時間短作文を書かせることにしています。それを提出し点検を受けるわけですが、返却されたら必ずノートに貼らせることにもしています。すると、学期末に学びを凝縮化しようとするとき、一時間一時間に課題に正対して考えたことがしっかりとノートに残っていることになります。しかもその短作文は毎月、作文技術に関する課題を与えられ、それに対応し続けてきた努力の軌跡でもあります。短作文とはいえ、作文がどのように上達してきたかを自覚できる軌跡でもあるわけです。これを見返すことで、自分が成長したこと、まだまだ足りなくてこれから取り組まねばならないことを内省することができる。私はこうした構造を授業にもたせています。

私は〈リフレクション〉にしても〈ポートフォリオ〉にしても、ノート指導と連動させるべきだと考えています。ノートにはその日に学習した指導事項、その日に取り組んだ活動の軌跡、そしてその日の思考のまとめとしての短作文がセットでパッケージングされています。短作文が短作文としてのみ独立してあるのではありません。もちろん、やり方によってワークシートやICT端末のファイリングでも構わないわけですが、いずれにしてもそれぞれの一時間の思考の流れと学習記録とを一望できるものでなければ、学びを凝縮化することなどできないのではないか、と主張しているわけです。凝縮化するには凝縮化するだけの自分の思考に関する価値ある情報が必要なのだと言いたいわけです。

そのためには、一時間一時間の授業が充実していることも大切ですが、それらの授業で展開された自分の思考を見通すことのツールが必要なのであり、そのツールを的確につくっていけるような授業のシステムが必要とされるのだと思うのです。

繰り返しになりますが、「学び」とは最終的に「個人」のものです。テストを受けるのも個人なら、思考の軌跡をポートフォリオとして集積するのもそれを見通して凝縮化するのも個人です。個人の思考の軌跡が見える化されるツールがなくては、「個別最適化」も「自己調整」もあり得ないのです。逆に言うなら、個人の活動の軌跡ではなく、思考の軌跡を残してさえいれば、それを見返すことで自分にとって何が必要で、今後どのように取り組んでいけば良いのかは必然的に見えてくるものだとも言えます。

10 向上性の原理

長く国語科授業は「経験主義的」な学力観・授業観で展開されてきました。

かつて国語科の教科目標が「国語科学習指導の目標は、児童・生徒に対して、聞くこと、話すこと、読むこと、つづることによって、あらゆる環境におけることばのつかいかたに熟達させるような経験を与えることである」（昭和二十二年版の学習指導要領試案、傍点は筆者）と規定されていた時代がありました。さまざまな環境を設定して言語活動の経験さえ与えれば、言語能力は必然的に伸びていくと考えられていたわけです。

それが指導事項をはっきりさせずに行われる話し合い指導や、何も指導せずに原稿用紙を五枚渡されて「さあ書け」と言われる作文指導、教材を読んで教材内容をまとめるだけの説明文指導や、やたらと登場人物の気持ちばかり考えさせる物語文指導を現出させたという歴史的経緯があります。その結果、国語科は「国語科授業は何を学んだのかわからない」「国語科授業には効用感がない」「国語科授業は気持ちが悪くなるほど気持ちが問われる」「文学作品ばかり追い求めて実用性がない」と揶揄されるようになりました。

二十世紀末から現在に至る国語科授業改革は、これらの難点を打開しようとする先人の積み重ねによって成立してきました。指導事項を技術として捉え、言語技術の習得そのものを国語科授業の〈目的〉としようとする言語技術教育が提唱されたり、経験を与えることを大切しながらも指導事項を明確にさせることを説いた新単元学習が提唱されたりしました。しかし、私がこうした提案の中で最も現場に活かせる発想だと膝を打ったのは、野口芳宏の「向上的変容の連続的保障」（『国語教師・新名人への道』明治図書）というテーゼでした。

「向上的変容」論とは、効力感のない国語科授業の在り方を廃し、一時間一時間の国語の授業において「今日はこれを学んだ」と子ども自身が言えるような国語の授業を展開しよう、という提案です。その一時間で「今日はこれを学んだ」と子ども自身が言えるということは、子どもが〈向上的〉に〈変容〉したことを意味します。また、子どもがその一時間の学びを「これだ」と言えたということは、授業がその一時間の指導事項を明確にして行われていたということをも意味します。更には、授業において指導事項が明確化されているということは、他ならぬ教師自身がその一時間の指導事項を明確に意識して授業を展開したことをも意味するはずです。こうした授業を毎時間、すべての授業で一年間保障していく、それが「向上的変容の連続的保障」です。

ここで私が読者の皆さんに問いたいのは、さて、あなたの授業は「今日はこれを学んだ」と子どもたち自身が言えるような授業になっていますか？　ということです。「今日は『ごんぎつね』の三の場面を勉強した」と教材名で答えるのでなく、「今日は音読に取り組んだ」「今日はグループで話し合いをした」と活動名で答えるのでもなく、「今日は五つの比喩とその効果について学んだ」とか「今日は副詞に注目すると登場人物の心情がよくわかるということを学んだ」とか、ちゃんと指導事項で答えることができますか？　ということです。さて、皆さんの授業はどうでしょうか。もし子どもたちがそれを答えられないとしたら、あなたの授業は指導事項が曖昧なのではないでしょうか。

それ以前に、教師であるあなた自身は、今日の授業の指導事項を明確に言うことができるでしょうか。「今日は『ごんぎつね』の三の場面だ」とか「今日は最後の場面について話し合いをする」とか、そんな教材名や活動名でしか答えられないなんてことがないでしょうか。もしそうだとしたら、今日の国語の授業の指導事項はあなた自身の中でも曖昧であることを意味しているのです。

これが算数・数学科ならどうでしょうか。「今日は三角形の定義を指導する」とか、「今日は二次方程式の公式を教える」とか、間違いなく明確に言えるのではないでしょうか。この、今日の指導事項を明確に言うことができないということが、国語の授業が曖昧で何をやってるのかわからない、効力感がないと言われる所以なのです。そしてこの現実こそが、多くの教師が「国語の授業が苦手だ」「国語の授業は何をすれば良いのかわからない」と言う所以でもあるのです。

しかしそれは、勉強不足なのです。どう考えても力量不足なのです。勉強不足、力量不足のまま国語教室を運営して良いわけがありません。そんな教師に学ぶ子どもたちは悲劇です。あなただって、勉強不足の子ども、基礎学力不足の子どもがいれば、「勉強が足りない」「もう少し頑張れ」と言うはずなのです。私がここで言っているのは、その言葉を皆さん自身に返しているだけです。

国語の授業はあなた自身の読みの力、あなた自身の授業力が向上すれば、子どもたちの読みの力、国語学力もそれに比例して向上するという特徴をもっています。国語学力のモデルは何を措いても自分たちに国語を教えてくれる教師なのですから、教師の国語力が高まれば、それに応じて子どもたちの国語学力もスパイラルに向上していきます。「向上性の原理」は子どもたちだけでなく、他ならぬ教師自身にも向けられているのです。

もちろん国語力の向上は言語能力の向上を意味しますから、頂点がありません。これで充分というゴールもありません。教師の国語力の現状が授業にそのまま反映される怖い世界でもあります。しかし国語教室はそれだけに、教師が自分自身の国語に関する教養、言語技術、言語感覚に応じて、個性を活かせる場でもあるのです。

第二章

国語授業一〇〇の原則

文学初級編

基本として身につけたい一〇の原則

国語の授業に限りませんし、学活でも行事でも必要なことですが、教師には子どもに指導するにあたって最低限身につけなくてはならない〈ミニマム・エッセンシャルズ〉があります。これを身につけないことには、教師として子どもたちの前に立つことができない、立ったとしてもうまくいかない、いくはずがない、という最低限の技術や構えです。若手教師向けの本では常に書いていることですが、ここでもまずはこの〈ミニマム・エッセンシャルズ〉の紹介から始めようと思います。

一九八〇年代半ばから九〇年代にかけて、「教育技術の法則化」運動という教育史上最大

の民間教育運動がありました。現場教師によって子どもたちにスムーズに対応するための微細技術を徹底して収集し、共有化しようという運動でした。ここで紹介する〈ミニマム・エッセンシャルズ〉の多くは、「教育技術の法則化」運動で収集され共有化されたものの中から、私がいまでも大事だと考えているものを抽出したものです。言わばこれらの技術・構えを身につけないことには教師として子どもたちの前に立つ資格がないとさえ思われるような「基礎の基礎」です。まずは、これらをしっかりと身につけるところから始めましょう。

基本として身につけたい10の原則

1 一時に一事を伝える
2 常に全体を意識する
3 空白時間をつくらない
4 素に近い状態を評価する
5 学習活動を仕組む
6 活動の規模を提示する
7 定着度を確認する
8 ミスには即時に対応する
9 学習の妥当性を検討する
10 最後は必ず「個」に戻す

1 一時に一事を伝える

「鉛筆を置いてください」と言って、全員がペンを置いているかを確認する。「姿勢を正してください」と言って、そそくさと背筋を伸ばす子どもたちを確認する。「これから大事な説明をしますよ」と言って集中を促す。「質問はあとでとりますから、まずは先生の説明を理解することに全勢力を傾けてくださいね」と言う。子どもたちの目の色が変わる。その眼差しを見ながら、たっぷりと間をおいて私は語り始める。

私の中学三年生の授業での一場面です。十五歳を相手にしてさえ、これだけ指示を細分化するのです。ましてや中学一年生なら当然です。しかし、小学校の教師でさえ、一度に幾つもの指示を何の疑問ももたずに投げかける授業をよく見ます。そうした授業が下位の子どもたちを取りこぼしているのです。支援を要する子が学級にいるなら尚更です。

指示と指示の間にある〈確認の間〉は、四月よりも五月、五月よりも六月と、子どもたちが教師の指導言に慣れてくるに従って短くなっていきます。しかし、この間がどんなに短くなったとしても、「先生は全員を確認しているよ」というスタンスだけは決して崩してはなりません。「一時に一事を伝える」ということは、全員を連れていくよという教師の意思表示です。すべての教育活動の基礎の基礎なのです。

2 常に全体を意識する

机間巡視中に子どもが質問してくることがあります。全体にかかわるような重要な質問ならば、全体の前で取り上げなくてはなりません。

「みんなちょっと鉛筆置いて。いま、Aくんから良い質問が出た。みんなにも聞いてほしい。それはどんな質問かというと……」

こう言って、全体で共有するのです。その質問が重要であればあるほど、それはその子に対してだけでなく、全体に聞かせたい内容であるはずです。そういう内容は欠かすことなく、全体の場で確認しなくてはならないのです。

重要な質問でないなら、「自分で判断して良し」と答えたり、ひと言だけで答えて突き放したりします。決してその子の前で立ち止まってはいけません。また、いま言ったばかりのことを質問してくる子もいます。「いま言いました。どうしてもわからなければ、隣の人に『すいません。ご迷惑をおかけしますが、教えてください』と丁寧にお願いして訊きなさい」と告げます。算数・数学で多く見られますが、机間巡視中に一人の子につきっきりになっているうちに、他の子がおしゃべりを始めます。そういう授業が数ヶ月後に崩壊していくのを何度も見てきました。

3 空白時間をつくらない

重要でない質問をした子を突き放すことも、机間巡視中に一人の子につきっきりにならないことも、授業において「空白時間をつくらない」という意識がさせていることです。

冷たいなあと思われる読者もおられるかもしれません。しかし、この場で温かい対応をすることによってその後授業崩壊に至ったとしたら、それはこの場の冷たさ以上の大問題にならないでしょうか。また、いま言われたばかりのことを質問するという態度が認められることは、この子の将来にとって有益でしょうか。温かいとか冷たいとかはそう簡単に判断できるものではないのです。小さな冷たさが大きな温かさから発せられたり、その場しのぎの温かさが巨視的に見ると冷たい結果を招いたりということがあるのです。

ある作業を指示するときには、終わったら何をするのかまで告げる。小集団交流をさせるときにも時間を指定して、終わりの時間差をつくらない。どうしてもということがあれば、むしろ思い切って休憩時間にしてしまうことさえある。それほどまでに、教師がリードする時間においては、「空白時間をつくらない」ことが最優先なのだと心得るべきです。

もちろん、空白時間ができても良いと教師が考えて、自由に活動する時間というのはあり得ます。しかしそれは、あくまでコントロール下の空白時間なのです。

4 素に近い状態を評価する

ある子が発言しています。そのとき、教師はどこを見ているでしょうか。私は発言している子ではなく、周りでその発言を聞いている子どもたちをこそ観察すべきだと考えています。いろいろなことがわかります。

発言している子は、理路整然としゃべっているにせよ、あっちに行ったりこっちに行ったりと戸惑いながらしゃべっているにせよ、音声によってその雰囲気は伝わってきます。教師にはその子の言いたいことが手に取るようにわかります。しかし、教師の目線がその発言している子にのみ行っていると、他の大勢の子たちが教師の「死角」に入ってしまうのです。それではいけません。周りの子はその子の発言を聞きながらいろいろな反応をしているものです。大きく頷いたり首を傾げたり。中には手遊びしている子もいます。窓の外を眺めている子もいるかもしれません。発言している子が戸惑っているのは、周りの子たちのそうした反応を受けてのものである可能性が高いのです。

教師の目はいまその場で中心的に活躍している子に向きがちです。しかし、教師は周りの子どもたち、その場では活躍していない「素《す》に近い状態」の子どもたちをこそ観察し、評価すべきなのです。

5 学習活動を仕組む

これまで「空白をつくらないこと」を中心に全体に目配りすることを力説してきました。しかし、これはあくまで、教師が知識・技術を伝達しようとする学習場面でのことです。全体を意識して空白をつくらなければ45分～50分がもつほど、授業というものは甘いものではありません。それでは子どもたちも飽きてしまいます。

後に詳述しますが、一時間の授業には必ず「学習活動」を仕組むことが必要です。できれば、子どもたちに大胆に任せてしまうタイプの学習活動を10～15分程度、子どもたち一人ひとりが個々人で自分の学習と向き合うタイプの学習活動を5～10分程度、それぞれすべての授業に必ず設けるのが良いと考えています。前者は多くの場合、小集団交流やゲーム性のある全体交流になりますし、後者の多くは一人読みや短作文になるでしょう。

〈知識・技術の伝達〉が〈学習活動〉を豊かにし、〈学習活動〉が〈知識・技術の伝達〉に集中させる、両者にはそうした相乗効果があります。引きつけて解き放つ、解き放って引きつける、授業で最も重要なのはその兼ね合いと言えます。

第一章の「恒常性の原理」でも言いましたが、授業のフレームをつくり、その中に定番の学習活動を幾つかシステムとして仕組むというのが現実的だと思います。

6 活動の規模を提示する

知識・技術の伝達において、子どもたちの集中力を高めるのは教師の指導言であり、主に一時一事の指示がその働きを担います。しかし、学習活動の集中力を高めるのは教師の指示ではなく、その学習活動の〈規模〉です。

例えば小集団交流をするとします。詩の解釈を話し合うとしましょう。これに三十分という時間を与えられてしまっては、よほど意図的・計画的に話し合いを進められる子どもたちが揃っていないと、その三十分は充実させられません。これが「八分だよ。なにがなんでも、頭をフル回転させて四人で新しい発見をするんだ」と指示されると、集中して取り組めます。また、短作文においても、「字数は自由だよ」と言われるよりも「一八一字以上二〇〇字以内」と指定された方が、たくさんの情報から何を取り入れ何を捨てるのかという思考が働きます。社会に出て、規模が自由な文章を書く機会などほぼありません。私がいま書いているこの原稿も、一項目一頁という規模が決まっているからこそ、提示する情報の精査が行われているのです。

活動の規模を提示することは活動を制限するだけでなく、実はその活動の密度や濃度を高める機能があるのです。

7 定着度を確認する

教えた内容、扱った内容は、必ず子どもたちにどの程度理解されているかを確認することが必要です。これを評定資料にするためなどと考えてはなりません。そうではなく、次の指導事項に進むためにその定着度を測るのです。子どもたちの多くがこの時間の指導事項を理解していないのに次に進むのはナンセンスです。また、多くの子どもたちが理解しているのに定着させるための活動を仕組むのもナンセンスです。教師は指導の事中においても事後においても、できるだけ細かく、子どもたちへの指導事項の定着度を評価する必要があるのです。

このとき、単純に小テストを行うと考えてはなりません。確かに「知識」はペーパーテストで測れます。算数・数学の解法の定着もペーパーテストで測れるでしょう。しかし、コミュニケーション系や作業系の「技術」はペーパーでは測れません。それが定着しているかどうかを測るには「活動させてみる」しかありません。第一章でも述べたように、「技術」というものは「知ってナンボ」のものではなく、「使えてナンボ」のものです。実際に使わせてみないと、その「技術」が定着しているかどうかはわからないのです。「知識」と「技術」は明確に分けて考える必要があります。

8 ミスには即時に対応する

子どもたちの定着度を測ってみて、教師の側の見当違いが発覚する場合があります。理解しているだろうと思って進めていたことがまったく理解されていなかったとか、子どもたちがこちらが想定していない大きな勘違いをしていることがわかったとか、そうした場合です。

こうしたことが発覚した場合には、すぐに訂正し、修正しなければなりません。これは教師のミスなのです。やり直していたら時間がなくなるとか、教師のミスを認めるなんて威厳が保てないとか、そんなことはどうでも良いことです。たとえ研究授業の途中だったとしても、それが発覚したらその指導案を捨ててやり直さなければなりません。子どもたちに機能していない授業を続けることに何の意味もないのです。何の問題もありません。研究授業などというものは教師の都合、大人の都合で行われているものに過ぎないのですから、子どもたちのためにはやり直すべきなのです。

私はいままでも、年に一度か二度、「ええーっ？　そんなふうに理解してたの？　そりゃ、先生が悪いな。よし！　やり直す。いままでのなし！　忘れろ忘れろ」などと言って、やり直すことがまれにあります。

9 学習の妥当性を検討する

教えるべきことは的確に教え、それに伴った学習活動を仕組む。その活動状態を観察して評価する。不備不足があるようなら再度指導してもう一度活動させてみる。授業とはこうした営みを積み重ねることです。

しかし、丁寧に説明したにもかかわらず学級の大半の理解度が低いとか、幾度か学習活動にも取り組ませたのに定着度が低いといった場合には、その指導の妥当性が問われなくてはなりません。もしかしたら子どもたちの発達段階にその指導事項が適していないのかもしれませんし、教師の思い込みが災いして指導事項と学習活動が齟齬を来しているのかもしれません。いずれにしても、どんなに高尚でどんなに大切な指導事項であったとしても、子どもたちに機能していないのでは意味がありません。その指導事項や学習活動の妥当性をよく検討して、場合によっては指導計画を大胆に変更することも必要になってきます。子どもたちに機能しない授業は授業の名に値しないのです。

レディネスが不足しているのだとすればスモールステップでレディネスを丁寧に積み上げる必要があります。発達段階的に早いと判断すれば、思い切って来学期回しにします。時間や労力の問題ではありません。そうした変更が必要なのです。

10 最後は必ず「個」に戻す

小集団交流をする。それぞれの小集団に話し合った結果を発表させる。なかなか良い意見が出る。しかし、これで授業を終わらせてはなりません。必ず最後は「個」に戻す必要があります。「学び」が最終的には「個」のものだからです。

小集団交流中にほとんど発言しなくて、実は理解していなかったという子がいるかもしれません。小集団交流で合意形成した内容を勘違いしている子もいるかもしれません。活動を観察しているだけでは、それらのすべてを掬《すく》い取ることは不可能です。やはり、ノートやワークシート、短作文の形で書かせて理解度を測る必要があります。

理解していなかったり勘違いしていたりした子どもにとっては、小集団交流中の友達の発言もメモも、確かにそこにはあるのですがその子への機能としてはゼロです。その内容はその子の中ではただ浮遊していただけで、〈パーソナライズ〉されていないからです。だからこそ、すべての子どもたちに理解したことを表現させなくてはならないのです。

こうした作文活動においては、おしゃべり禁止にして、自分一人で取り組ませる必要もあります。交流しながら教えられたことを書いたり、他人の表現を写したりということがないように取り組ませなければ意味がないからです。

指導言を機能させる一〇の原則

　授業は教師の「指導言」なしには成立しません。いかなる授業も教師がなんらかの働きかけをすることによって始まります。ワークショップやＡＬ型授業がいかに流行しようとこの本質は変わりません。ということは、教師の指導言が子どもたちに的確に伝わるか否かは、授業にとってはもちろん、教師にとって死活的な重要事項だということです。

　私たちは日常的に言葉を使ってコミュニケーションを図っています。改めて考えてみる機会がないほどに、すべての生活が言葉によって運営されています。ですから、私たちは自分の言葉が子どもたちに伝わっていないかもしれない

ということに、なかなか思いが至らないところがあります。聞き間違いや勘違いした子どもに、「話を聞いてない！」とついつい断罪してしまうのもそのせいです。

しかし、教師の「指導言」には、的確に伝えるための技術があるのです。それを知っている教師の指導言と知らない教師の指導言は天と地ほどに機能度が異なります。子どもたちにより機能する指導言を求めて研鑽する教師は、授業を機能させられる教師になっていきます。ここでは、機能する指導言のポイントを紹介していきます。

指導言を機能させる10の原則

1　指導言には三つある
2　「説明」がすべての前提となる
3　前提の共有が授業のフレームをつくる
4　説明のキモは「具体例」である
5　指示のキモは「規模」である
6　発問のキモは子どもたちの「分化」である
7　事象の説明のキモは「見える化」である
8　方法の説明のキモは「見通し」である
9　事前に起こり得るミス事例を伝える
10　「間」も指導言である

1
指導言には三つある

指導言には三つあります。「発問」と「指示」と「説明」です。

「発問」も「指示」もない授業はあり得ますが、「説明」のない授業はあり得ません。その意味で、最も大切なのは「説明」です。教師がわかりやすく「説明」することができれば、取り敢えず授業は成立します。子どもたちが新しいことを学べるからです。

しかし、そのような一方的な講義形式では、子どもたちも飽きてくる。そこで、「大事だなあと思うことをメモしなさい」とか、「わからないところは近くの人に訊きなさい」という「指示」が生まれます。「この点について近くの人とグループをつくって話し合いなさい」という「指示」もあり得ます。要するに、子どもたちに活動を促すわけです。

しかし、こうした授業では、思考が働きづらい。定義を習ったり方法や技術を習うのなら「説明」と「指示」でなんとかなりますが、因果関係を学ぶとか背景を学ぶとか理念を学ぶとかということになると、「説明」と「指示」だけではどうしても学ぶ側が主体的になれません。そこで「何がこの結果につながったと思う？」とか「こうなったのはどうしてだと思う？」とか「どうすれば良かったと思う？」といった「発問」が必要とされるのです。こうなって初めて、子どもたちに思考が生まれます。

2
「説明」がすべての前提となる

「発問」「指示」「説明」については、原則として次のようなことが言えます。

【発問】子どもの思考に働きかける指導言
【指示】子どもの行動に働きかける指導言
【説明】授業のフレームをつくる指導言

つまり、「説明」は、「指示」や「発問」の前提となる指導言であり、「説明」なくしては「指示」も「発問」もあり得ないのです。

文法の授業において、主語と述語の説明なしに「この文の主語・述語は何ですか」という発問は成立しません。何をどのように書くのかの説明なしに「ノートに書きなさい」という指示も成立しません。よく「どちらがふさわしいですか」という発問に対して、子どもたちが戸惑う場面があります。これは「どちらがふさわしいか」という発問に戸惑っているのではなく、選択肢AとBとの違いがよく伝わっていないことに起点している場合が多いのです。つまり、難は発問にあるのではなく、A・Bの説明にあるのです。

3

前提の共有が授業のフレームをつくる

例えば、次のような指導言があったとしましょう。

> このとき、亜希子は「うれしい」とか「楽しい」とかいう「プラスの感情」を抱いたでしょうか、それとも「悲しい」とか「悔しい」とかいう「マイナスの感情」を抱いたでしょうか、これに対してみんなは両方あるって言うんだね。（子どもたちを見渡して）それじゃあ、もっと突っ込んで訊くよ。「プラスの感情」と「マイナスの感情」では、どちらかというとどちらが大きいだろうか。ノートに「プラス」か「マイナス」のどちらかを書いて、その下に理由を「〜だから」という形で一文で書きなさい。

この指導言において、「発問」は「『プラスの感情』と『マイナスの感情』では、どちらかというとどちらが大きいだろうか」という一文だけです。また、「ノートに『プラス』か『マイナス』のどちらかを書いて、その下に理由を『〜だから』という形で一文で書きなさい」というのが「指示」に当たります。

しかし、この指導言を機能させているのは、決してこの発問と指示ではありません。これまでの授業内容をまとめて「プラス」と「マイナス」の両方があるのだという確認、そして「それじゃあ、もっと突っ込んで訊くよ」という今後進んでいく授業の展望の確認、この二つこそがこの指導言の核となっているのです。そしてこの二つは言うまでもなく、授業のフレームを構築する機能をもっている指導言、即ち「説明」なのです。

私たち教師は、自分が発している指導言の一つ一つについてこのように細かく分析する必要があるのではないでしょうか。

私はこうした「説明」「指示」「発問」といった指導言の機能性を操作することを〈ブリーフィング・マネジメント〉と呼んでいます。〈ブリーフィング〉とは「これから発生する事象について、事前に意識合わせをすること」を指しますが、この「意識の共有化」「前提の共通理解」をどのようにつくっていくかが授業ではとても大切になります。特に国語科はどうしても音声で概念的なこと、観念的なことを説明することの多い教科ですから、特に重要と言えます。これを意識しない授業、この意識の甘い授業は、まず間違いなく「授業がにごる」という状態に陥ります。多くの授業がにごるとき、それは「意識の共有化」が不十分であったり「前提の共通理解」が曖昧だったりして、子どもたちが戸惑うことによって生じるのです。

4 説明のキモは「具体例」である

何かを説明しようとする場合、子どもたちにその説明を理解させられるか否かの決定的な要素は、具体例の伝わりやすさです。その意味で、教師は説明において常に具体例を用意しておく必要があります。しかも、複数の具体例、できれば三つ以上の具体例を用意しておくのが理想です。

具体例は、①実際に教室内で実演できる事例、②子どもの日常の生活経験を想起させる事例、③これをすればこうなるだろうと実感できるような同質の因果関係をもつ事例、④一見異なるもののように見える二つ以上の事象が同じ構造をもっているという事例、という四種類があり得ます。説明すべき内容がその場にある日常の学校生活上のものであれば①を、学校生活にはないけれど子どもたちの経験の中にあり得るものであれば②を、子どもたちが経験したことのない抽象的な事象の説明なら③や④を用います。

①なら一度見せれば事足りますが、②は必ず複数の事例を、③④はできるだけ多くの事例を取り上げて、念を押す必要があります。

教師には「研究」と「修養」が必要とされます。「修養」が必要とされるのは子どもたちに語れる具体例を豊かにするためだと言っても過言ではありません。

5 指示のキモは「規模」である

指示には「教科書18頁を開いてください」「鉛筆を置いてください」のような〈一義の指示〉と、「〜はなぜでしょうか。『……だから』の形で一文で書いてください」「四人グループで話し合ってください。時間は8分です」のように、これから行う活動を促すような〈多義の指示〉とがあります。

子どもたちの集中を促したり授業に不可欠な準備をさせたりするための小さな「作業指示」ならば、いわゆる「一時一事の原則」に従って子どもたちの行動を細分化することになります。しかし、これからダイナミックな活動をさせようという「学習活動指示」の場合には、「『……だから』という一文で書いてください」「時間は8分です」のような「規模の提示」が不可欠になります。一人で熟考させたり小集団交流をさせたりするなら時間の規模を、ノートやワークシートに文章を書かせるなら文の数を、原稿用紙に作文を書かせるなら字数を、というように、その「規模」を明確に指示するのです。

「規模」がわからないと、子どもたちはその活動の見通しをもつことができません。その見通しをもてないという状態が、子どもたちの意欲を減退させ、子どもたちの活動を散漫なものにさせてしまうのです。

6 発問のキモは子どもたちの「分化」である

「〜って何ですか?」「〜はいつですか」「〜はどこですか」「〜したのは誰ですか」等の発問は、たいていの場合、一問一答になります。子どもたちにとっては、わかるかわからないかしかありません。しかし、「〜はなぜですか」「どのように〜したのですか」という発問は、答えが分かれる可能性があります。それは子どもの認知・認識・イメージを問うているからです。

5W1Hにもこうした違いがあります。「何」「いつ」「どこ」「だれ」は、教師がずはり説明してしまってもそれほど影響のない発問です。「なぜ」「どのように」には問う価値があります。前者は確認のための発問ですが、後者は思考するため、集団で話し合うための発問です。子どもたちから見れば、前者は指摘すれば事足りますが、後者は解釈を表出しなければなりません。この解釈を表出させ、子どもたちが解釈の違いによる複数の立場に分化される、これが発問機能の第一義です。

授業は集団で行われます。集団で行われることが最も機能するのは違いが明らかになったときです。その違いを対比したり類比したりして精査していく、その入り口となるのが発問なのです。

7 事象の説明のキモは「見える化」である

子どもたちにある事象を具体例を用いて理解させようとする場合、その核心は「見える化」にあります。

「見える化」には次のような四つがあります。

一つ目に具体物の提示です。そのものの実物を見せたり、起こる現象をその場で見せたりします。教室に実物を持ち込んだり、理科で実験を見せたりするような場合です。また、テレビ画面に写真や絵を映したり、実際の映像を見せたりすることもこれにあたります。

二つ目にモデル機能です。要するに教師が実演してやって見せるわけです。良い態度や良い姿勢、良い話し方・聞き方など、動作や作用、状態や感情を示すのに適しています。三つ目に図示です。黒板やテレビ画面、スクリーンに絵を描いたり、構造を図示したり、わかりやすいように表にまとめたりします。

もう一つ、重要なのは描写です。現実には存在しない構成概念・抽象概念を教えるときには、「例えばかくかくしかじかのことがあったとき、きみならどうする?」と具体的な状況を描写しながら、あたかもその状況に自分がいるかのように追体験させて心情を想像させる必要が出てきます。

8 方法の説明のキモは「見通し」である

例えば、四人グループでの話し合い方を説明するとしましょう。

まず、「このグループで説明しますよ」と言って、あるグループに近づきます。

「最初に、このAさんがかくかくしかじかと意見を言います。この間、だれも質問や反論はしません。その後、時計まわりにBさん、Cさん、Dさんと意見を言っていきます。四人が言い終わると、だいたいみんな『ああでもない、こうでもない』と話し合いたくなりますから、その意欲を発散して議論を始めてください。そして、四人でなんとか『こういうことなんじゃないか』という合意形成を図ってください。あとでグループごとに発表してもらいますから、だれが発表するかも決めます。これを8分で行います」

このように、最初から最後までの動きを順次性を追って説明して見通しをもたせます。その後、「いいですか？　まず全員が意見を言う、その後議論する、合意形成を図る、発表者を決める、という四段階です。時間は8分です」と念を押します。

何分間の交流なのか、どのような手立てで話し合うのか（発言順や発言時間など）、途中でメンバーシャッフルや自由な立ち歩き交流の時間はあるのか、〈ブレイン・ストーミング〉的な話し合いであれば幾つ以上のアイディアが出れば良しとするのか、深めるタイ

プの話し合いであれば最終的に「メンバー全員が納得するような合意形成」を目的とするのか、それとも「一人ひとりの思考が深まれば良い」というゴールフリー型の交流なのか、これらを予め告知することによって、子どもたち一人ひとりがどのように時間を使おうかと考えられるようにしなくてはなりません。

何をゴールにどのくらいの規模（時間や活動のダイナミックさ）で交流するのか、こうした「見通し」を子どもたち自身がもたないと、有益な交流は生まれないのです。

詳細は拙著『AL授業10の原理・100の原則』（明治図書・二〇一三年）を御参照いただけると幸いです。

9 事前に起こり得るミス事例を伝える

ある程度の長さのある活動方法の説明をしたら、必ず「何か質問はありませんか？」と質問を取ります。たいていの場合、教師の説明がわかりやすければ質問は出ません。それが良い説明だったか否かの試金石になります。

ただし、わかりやすい説明は、子どもたちに「なんとなくわかったような気」にさせてしまうというマイナス面もあります。教師はこういう細かな、小さなところにまで目を向け、配慮を重ねる必要があります。

こうしたときには、「前に同じようなことをしたときに、こういうミスがあったので気をつけてね」とか、「よくあるのが、～を～だと勘違いして、～しちゃったりする場合があるんだけど、大丈夫かな？」といった、「起こり得るミス事例」を事前に伝えてしまうと効果的です。

子どもたちは「ああ、オレだ～」とか「勘違いしてた～」とか言って、もう一度確かめようとするようになります。教師に多くの経験がないとできないタイプの指導言ですが、実はこうした本筋でない、挿入的な指導言が授業を機能させることが決して少なくないのです。

10 「間」も指導言である

子どもたちがざわついているときに、教師が黙っていることがあります。おしゃべりをやめない子に視線を合わせます。それに気づいた子からおしゃべりが止まっていくものです。だれもが経験したことのある教室風景でしょう。

子どもが突飛な意見を言います。教師が目を丸くして沈黙します。目を丸くしたまま、たっぷり間をとった後に、大袈裟に、「たまげたなあ！」と言います。教室が一気にはじけます。こんな教室風景もだれもが経験したことがあるのではないでしょうか。

教師が「いいかい？　大事なことを言うよ……」と言って、にやりと笑います。子どもたちはひたすら先生の次の言葉を待っているわけですが、教師はにやりとしたまま、なかなか次の言葉を発しません。教室が緊迫した沈黙に包まれます。これもだれしも経験したことがあるでしょう。

言葉と言葉の間にある沈黙……、「間」もまた指導言であるということです。「間」には聴いている人々を集中させる効果があります。指導言の最高峰は「間」を的確、適切に操ることと言っても過言ではないほどです。授業名人の多くは「間の名人」です。若い人には難しいことですが、目指すべき境地と言えます。

小集団交流を機能させる一〇の原則

いわゆる「ＡＬ型」の授業が普通に行われるようになってきています。九〇年代から国語の授業に大胆に討論活動を導入してきた私は、たいへん良いことだと感じています。私は教師がすべての授業に八分以上の交流活動を設定するという覚悟をもつべきと主張し続けてきましたから、日常的な授業でも小集団交流が普通に行われるようになった現在の状況を「あるべき姿に近づいてきた」と捉えているわけです。

しかし、そうした「ＡＬ型授業」がほんとうに機能しているかということになると、少々心許ないとの印象も抱いています。確かに交流はしている。子どもたちは活発に活動しているよ

うにも見える。しかし、気分や感情を発散しはしていても、何かが生まれているわけではない。「創造的な活動」とはほど遠い。そんな印象を抱くのです。

もちろん、教師の空虚な言葉だけが響く一斉授業よりははるかに機能しています。でも、その程度の機能ではせっかくの時間をかけているのにもったいないと思うのです。ここでは、「AL型」の授業を機能させるために最低限必要な基礎的な技術について紹介します。もっと詳しく学びたいという型は拙著『AL授業10の原理・100の原則』（明治図書・二〇二三年）を御参照いただければ幸いです。

小集団交流を機能させる10の原則

1　ペア交流から始める
2　ペアを入れ替える
3　「観察者」をつくる
4　交流を振り返らせる
5　広げる交流と深める交流とがある
6　一人ひとりに意見をもたせる
7　交流方法を細かく示す
8　時間を指定する
9　小集団を組み替える
10　アイディアを出させる

1 ペア交流から始める

何事にも言えることですが、年度当初から高度な活動を要求をしてはいけません。「もう高学年だから」「もう中学生なのだから」といった教師の発達段階に対する思い込みも厳禁です。何年生であろうと、他人とのコミュニケーションが苦手な子というのはいるものです。まずは話しやすい環境をつくることから始めて、子どもたちの様子をよく観察し実態を見極めてから、少しずつステップアップしていくのです。

こうした意味で、小集団交流は学年を問わず、二人組、即ち「ペア交流」から始めるのが原則です。また、自分の意見をノートやワークシートにしっかりと書かせ、必ず話すべき内容を全員にもたせてから交流を行います。しかも、交流の目的は何なのか、どちらが先にしゃべり出すのか、質問はいつするのか、二人が正反対の意見だったらどうするのか、こうしたことを丁寧に確認します。

私の場合、①ペアインタビューから始めて、②エピソードを聞き合う、③二人の共通点と相違点を明らかにする、④合意形成を図る、⑤議論する、という段階で交流を発展させていきます。最初だからこそ、こうしたスモール・ステップを蔑ろにせず、子どもたち一人ひとりの交流活動に関する実態を見極めなくてはならないのです。

2 ペアを入れ替える

小集団交流はふだんの座席を使うのが一般的です。しかし、ペア交流の場合はペアが固定すると、少しずつ沈滞していくものです。どうしても、相手の発想がわかってしまう気がするのです。

そこで、ペア交流学習では、頻繁にペアを入れ替えることをお勧めします。まずは隣同士。次に前後同士。更には斜めに座っている者同士。また、教室の座席の列をまるごと入れ替えてしまう、というのもお勧めです。廊下側から数えて二列目と四列、六列目と八列目がまるごと入れ替わるわけですね。或いは、廊下側から数えて偶数列の人たちが一つずつズレていくという手法もあります。偶数列の一番前の人が一つ下がって前から二番目の席に行く、二番目の人が三番目へというようにズレていき、一番後ろの人が一番前にくるわけです。同じテーマでも、相手が変われば交流の内容がまったく変わってしまうという体験をすることができます。そうした体験が、他者と交流することが有益であるという実感につながります。

また、一時間に行うペア交流の回数を少しずつ増やしていくことも有効です。時間を増やすのではなく、回数を増やすのがコツです。

3 「観察者」をつくる

小集団交流においては、もちろん交流する内容が最も大切なのですが、交流の仕方に対する意識をもつことも内容と同じくらい大切です。

人間は自分が一生懸命に話しているとき、自分が一生懸命に聞いているときには、その話し方や聞き方が良いのかどうかなどということには気持ちが向かないものです。他人の活動を外から眺めているときにはいろいろなことが目につくのに、自分のこととなると同じような目で、客観的に見ることができないのです。

そこで私は、ペア交流活動の中で話し方・聞き方について考えて欲しいという場合には、そのペア以外に「観察者」を置いて、交流のあとに振り返りをさせることにしています。

①三人ひと組で二人がペア交流をする、一人が観察するというパターンと、②四人ひと組で二人がペア交流、二人が観察者というパターンと、ふた通りを採用しています。もちろん、全員がすべての役割を担うようにセッティングします。例えばA・B・Cの三人組の場合ならば、①A・Bがペア交流、Cが観察者、②B・Cがペア交流、Aが観察者、③C・Aがペア交流、Bが観察者というように、全員がすべての役割を担うようにします。

「観察者」を中心とした一、二分程度の振り返りで充分な効果があります。

4 交流を振り返らせる

小集団交流が終わったら、必ず「振り返り」に取り組ませます。

初期指導では特にこの活動が重要です。やりっ放しの小集団交流はたいていの場合、最初こそ盛り上がるものの、次第に目的意識が薄れて焦点ぼけしていくものです。

「振り返り」のパターンにはいろいろありますが、オーソドックスなパターンとしては、①今回の交流はどんなところが良かったか、②更に交流を充実させるためにはどんなことが課題か、という二つの点について思うところを述べ合います。その後、③二人が共通して成果（良いところ）として挙げていること、④二人が共通して課題として挙げていることを共有化します。更に⑤どちらか一方が成果や課題として挙げていることについて詳しく検討します。できれば、⑥課題についてはどのように改善すれば良いのかについても交流します。観察者がいる場合には、観察者が最初に口火を切って、それに対してペア交流していた二人が観察者の見方について感想を言う合うという仕方で進めていきます。

慣れてきたら、交流の「山場」はどこだったかを考えさせます。盛り上がり、気づき、葛藤、熟考など、「山場」は現象的な活発さのみならず、最も「思考が活性化したところ」と捉えることが重要です。

5 広げる交流と深める交流とがある

「小集団交流」とひと口で言いますが、その目的によって幾つかに分類することができます。まず小集団交流は、大きく分けて二つに分かれます。それは交流することによって「発想を広げること」を目的とする場合と、交流することによって「考えを深めること」を目的とする場合とです。

発想を広げる場合には、一般的によく用いられるのが〈ブレイン・ストーミング〉です。一人一つずつアイディアを出していって、途中からはこれまでに出されたアイディアをもじったり融合したりしたりしながら、どんどんアイディアの発想を広げていきます。また、〈ロールプレイ・ディスカッション〉という手法もあります。模擬裁判のように、それぞれが何かの役割になってディスカッションしてみる手法です。一つの立場になりきって考えてみると、通常では思いつかないような発想が生まれるものです。

考えを深める場合は、基本的に二つです。一つは、議論してみることによって個々人の考えが深まることを目指す交流、もう一つは合意形成を図るための交流です。

詳細は拙著『教室ファシリテーション 10のアイテム・100のステップ』（学事出版・二〇一二年）を御参照いただければ幸いです。

6 一人ひとりに意見をもたせる

小集団交流において絶対に蔑ろにしてはいけないのが、子どもたち全員に事前に意見をもたせてから交流に入る、ということです。一人残らず、全員にです。しかも、頭の中にもたせるだけではいけません。ノートに書かせたり、ワークシートに書かせたり、或いは付箋に書かせたり、端末を用いたり、書かせる媒体はいろいろ考えられますが、「書かせる」ということだけは決して揺るがしてはなりません。

二つの理由があります。

第一に、コミュニケーションが苦手、交流が苦手という子が「言うべきことがない」という状態になって、交流の傍観者になることを避けるためです。いきなり交流に入りますと、いかに小集団とはいえ、二〜三割程度の傍観者が出てしまうものです。この状態に陥るのを避けるのです。

第二に、子どもたちに当事者意識をもって交流に参加してもらうためです。人は自分の目の前に意見が書かれていると、その意見に責任をもたなくちゃという意識が働きます。また、自分が明確に意見をもつと、他の人の意見がどんな意見をもったのかと気になるようになります。この二つが融合して、初めて当事者意識を抱いての交流になるのです。

7 交流方法を細かく示す

まずはもう一度、指導言の原則８「方法の説明のキモは『見通し』である」（八四頁）を読んでみてください。これは四人で合意形成を図る小集団交流の説明の例です。

小集団交流は基本的に、子どもたちに事前に書かせた意見を表出させるところから始めます。四人なら四人、六人なら六人全員の意見をすべて出させ、検討の俎上に上がる意見をリストアップするわけです。この間は発言者以外の者にはしゃべらせないのが原則です。①交流を苦手としている子にもしっかり最後まで発言させる、②後のフリーディスカッションまで言いたいことのエネルギーをためさせる、という二つの意味があります。

すべての意見のリストアップが終わると、フリーにディスカッションさせます。子どもたちに任せてもうまく進められるという場合にはフリーにして構いませんし、うまく進められないという場合には一つ一つ検討の仕方を細かく説明することになるでしょう。途中で交流メンバーをシャッフルし、その後もとの小集団にメンバーを戻すと、より交流内容が活性化します。

交流の方法を細かく説明するのも、交流をよりよく機能させるためなのです。

8 時間を指定する

これまでにもいろいろなところでさまざまな形で述べてきましたが、学習活動の見通しを子どもたちにもたせるには、「方法」とともに「規模」を知らせることが重要です。小集団交流の「規模」は言うまでもなく「時間」です。

人間は「時間がない」という意識を抱いたときほど、集中力をもって物事に取り組もうとするものです。その意味で、子どもたちに告げる時間は少しだけ短めに告げることを原則とします。10分程度の交流時間が想定される場合には「時間は8分です」と告げ、15分程度が想定される場合には「12分」と告げるわけです。授業において指定する時間というものは、短い場合には延ばすことができますが、長すぎたからといって短く切り上げるのは容易ではありません。時間を見ながら意図的に時間を使っていた子が損をすることになるからです。

こうした時間指定の在り方は、授業のみならずすべての指導場面で重要な原理です。長い時間を指定して途中で切り上げると、優秀な子の信用を失いかねません。教師の信頼はこうした細かい有言実行の積み重ねで高まるわけですし、こうした細かい失策の積み重ねによって失われるものなのです。

9

小集団を組み替える

小集団交流をする際、メンバーを入れ替えることはとても有効です。固定したメンバーで交流していますと、どうしてもだんだんとメンバーの思考自体が固定化してしまいます。要するに、同じメンバーで同じテーマで話し合いをしているわけですから、思考が似通ってきて新たな発想や新たな疑問が出てきにくくなるわけです。

最近、システマティックなファシリテーションの形態として〈ワールド・カフェ〉が流行していますが、〈ワールド・カフェ〉の良さは何と言ってもグループの思考が凝り固まってしまわないように、途中で交流するメンバーをシャッフルするところにあります。小集団をつくっているそれぞれが、途中別々のメンバーと交流し、またもとの小集団に戻ってくることによって、思考の固定化をふせぎ、交流を活性化させようとする意図をもっているわけです。

こうした発想は〈マーケティング・ディスカッション〉や〈ジグソー学習〉など、学校教育においても九〇年代から理科教育や算数・数学科教育を中心に導入されてきた発想でしたが、〈ワールド・カフェ〉はそれを誰でも簡単にできるようにシステム化したところが大きいのだと言えます。

10 アイディアを出させる

子どもたちにアイディアを出させることによって、子どもたち個人個人としても小集団としても、果ては学級全体においても発想を広げていくことができる……そうした目的をもって導入されることが多いのが〈ブレイン・ストーミング〉です。〈ブレイン・ストーミング〉というと一般に、学校行事や学級活動において何か企画を立てるときの手法というイメージが強いのですが、実は授業でもさまざまに効果を発揮します。

例えば、私は詩や物語の学習において、六人グループを使って「なんでも良いから、内容上・表現上の特徴を見つけて〈ブレイン・ストーミング〉してください」と言って、授業の出発点を〈ブレイン・ストーミング〉にすることがあります。最初はわかりきったことしか出ない傾向がありますが、進んでいくに従っておもしろい検討材料がたくさん出てきます。

また、「主人公の特徴として挙げられることをどんな小さなことでも良いので挙げなさい。ただし、本文中に根拠を指摘すること」といった〈ブレイン・ストーミング〉もよく行います。同じ特徴（例えば「優しい」とか「短気」といった）でも、根拠とする箇所が異なれば一発言として認めることにしています。

音読指導を機能させる一〇の原則

国語の授業において、昭和と比べて圧倒的に時間を割かなくなった学習活動に「音読」があります。かつては「読み書きそろばん」と基礎学力を形成する三大要素の一つと目されていた「音読」が、二十一世紀になってなぜか軽視されるようになってきた現実を感じています。その分、日本人の文章理解力が急激に落ちているのを感じてもいます。

「音読」は文章を理解できる子を育てるための必須の学習活動です。音読のできない子は黙読もできません。音読のできない子は文脈理解もできません。スピーチやプレゼンといった音声言語活動では代替は効きません。その証拠に

音読のできない子でもスピーチはできますし、何より日常会話にはまったく困りません。「音読」の学習効果というものは、読むのに抵抗を抱くような、ちょっと難しい文章を読むからこそ機能するのです。自分の言語生活にないちょっと難しい語彙、ちょっと難しい言い回し、それを音声化してみるからこそ、そこに「学び」が成立するのです。

特に文学的文章教材では、音読の重要性が高まります。ここでは「音読」の基礎技術とともに、音読活動のバリエーションについて語っていきます。

音読指導を機能させる10の原則

1　音読には二つの方向性がある
2　教師自身が範読する
3　一文交互読みに取り組ませる
4　「連れ読み／追い読み」に取り組ませる
5　一斉音読に取り組ませる
6　グループ音読でバリエーションをつくる
7　「音読テスト／完全無欠読み」で練習回数を増やす
8　名文を暗唱させる
9　音楽記号で音読の工夫を考えさせる
10　教師がモデル機能を果たす

1 音読には二つの方向性がある

国語科の授業で行われる音読には一般に、二つの方向性があります。

一つは文章の理解を促すための活動としての音読、もう一つは文章を理解した後に自分の読みを表現する活動としての音読です。教材の学習の最初に行われる範読や一斉音読、句点読み（通称「まる読み」）などは前者ですし、学習の最後に行われる朗読や群読、表現読みや劇化などは後者です。ここでは前者を「理解音読」、後者を「表現音読」と呼ぶことにしましょう。

「理解音読」の取り敢えずの目標はすらすら読めることです。もちろん漢字の読みを確認したり語彙を増やしたりといったことがないではありません。しかし、すらすら読めない子にはそうしたことも難しいのです。それぞれの句の意味を把握し、すらすら読めるようにならないことには、文脈を理解することさえできません。黙読だって、頭の中で音読することです。発声に難があるのでない限り、音読ができない子は黙読もできません。

「表現音読」の目標は自分がその文章から読み取った世界観を自分なりに声に載せて表現することです。つまり、目指されるべきは解釈によって湧き起こった自分の心情と音読技巧との一体化ということになります。

2 教師自身が範読する

音読指導は何を措いても、教師の「範読」から始まります。

音読に苦手意識をもっている教師でも、必ず、あくまで自分の声で、しかも毎回、「人生最高の読み」を目指して行います。決して指導書についている朗読音源などを聞かせてはなりません。あんなプロの朗読家や俳優が読むものを聞かせるのではなく、他ならぬあなた自身が人生をかけて最高の読みをしようとしている、その姿を示すのです。

教師に必要なのは「指導力」以上に「感化力」です。子どもたちはあなたの背中を見ながら学習に取り組むのです。そんな子どもたちのモデルとして機能し、影響力をもっている教師自身が、苦手意識を抱いているからといって逃げてはなりません。前日までに、いいえ、当日の朝も、練習に練習を重ねて「人生最高の読み」を披露するのです。姿勢、発声、口形、抑揚、情感の込め方まで、もてる技術のすべを発揮して音読するのです。その姿は間違いなく子どもたちを動かします。

私は新しい教材に入るとき、いつも真剣に範読することにしています。私は中学校の教師ですから、持ち学級の数だけ、各学級で何度も範読することになります。例えば二〇二二年度、二年生を五クラス持っていますが、五回同じように「範読」を繰り返します。それも前の学級よりも良い読みをと考えて範読します。

中学校の教材は長いですから、ときには三十分もかかることさえあります。それが一日に五回あるという日もあります。その日の夜には喉が痛いなんてこともあります。しかし、それでも手を抜かないのです。教師がこうした姿勢を堅持することこそが子どもたちを動かす、そのことを私が実感しているからです。

教師の「範読」は情感を込めることなく、淡々と読むのが良いと主張する方がいらっしゃいます。教師が情感を込めて「範読」すると、子どもたちを教師の解釈へと無意識的に誘ってしまい、子どもたちの読みの主体性を損なってしまう、というわけです。一理ある見解と思います。

しかし、こうした主張に対しては、私は「優先順位の問題である」と反論することにしています。子どもの読みの主体性を損なってしまうことによるデメリットと、教師が本気で読む姿を示すことのメリットと、どちらを優先順位が高いと判断するかという問題です。私は教師の本気の姿勢を見せることのメリットをとる、ということです。

私は新しい学年をもち、初めて子どもたちに範読する際、次のような指導言で始めることにしています。

「鉛筆を持ってください。これから、先生が一度読みます。皆さんは読めない漢字に振り仮名を振ってください。読める漢字に振り仮名を振ってはいけません。そんなことをしていたら、振り仮名に頼る人間になってしまいます。堀先生は国語の先生として、皆さんにそんな人間になって欲しくはありません。あくまで鉛筆で振り仮名を振って、読めるようになったら消してください。そういうつもりで振り仮名を振ってくださいね」

こうして情感を込めて「人生最高の読み」を志向しながらも、子どもたちが読めないだろうなという漢字についてはゆっくり読んで振り仮名を振ることを促します。本当はこんなことをしないで、「範読」と漢字の読みとを分けたいのですが、それではどうしても時間がかかってしまいます。泣く泣くこれを同時にやれる技術というか感覚を身につけました。これも優先順位による判断です。

音読指導をテーマとした文章としては余談になってしまいますが、教師の指導行為というものは、こうした優先順位による判断の連続といえます。この感覚を身につけていない者が先鋭的で原理主義的な実践提案を行うのです。教職にない方の教育実践に関する提案が、提案性がありながら使えないことが多いのは、おそらくそのせいです。

若い教師には音朗読に自信がない人が多いことを私も知っています。音朗読には恥ずかしさや照れくささが伴うのも事実でしょう。しかし、音朗読というものはやればやるほど上手くなるものです。五年後には自信をもって取り組めるようになることを保障します。

3　一文交互読みに取り組ませる

範読を終えると、子どもたち隣同士で「一文交互読み」をすることを指示します。いわゆる「マル読み」です。私は次のような指示で開始することにしています。

「では、これから隣同士で一文交互読みをします。まず、窓側の人がタイトル、廊下側の人が作者名、窓側の人が第一文……というように最後まで読み通します。その際、隣の人が漢字を読み間違えたら直してあげてください。また、漢字でなくても読み間違えたら、もう一度、正しい読み方で読み直させてください。最後まで読み通したら、交代して二度目の一文交互読みです。同じように直してあげます。二度とも終わったら、前を向いて、先生がやめというまで個人で微音読していてください。はい、はじめ！」

子どもたちはかなり真剣に取り組みます。中学校の散文教材ですと、この時間は短くても二十分程度、長いときには一時間いっぱいかかることさえありますが、それでも最後までだれるということがありません。おそらく、①隣同士で相手の学力保障の責任を感じていること、②音読自体に楽しさがあること、③その楽しさを教師の範読による感化力が助長していること、などが子どもたちに真剣に取り組ませる要因になっているのだろうと私は感じています。

4 「連れ読み／追い読み」に取り組ませる

私はこれまで、「範読」から「一文交互読み」へという流れで説明してきました。しかしこれは、ある程度の長さのある散文、つまり一度読み通すのに十五分から二十分程度かかってしまう教材の場合に用いる指導方法です。

これが詩歌とか古典とか、音読すること自体にある程度の抵抗がある文学教材、或いはかなり難しい内容の説明的文章で語句やフレーズの理解がままならない教材である場合には、「範読」と「一文交互読み」の間にさまざまなバリエーションの音読を入れます。最もオーソドックスなのは「連れ読み」です。菊池寛「形」の冒頭を例に説明しましょう。「形」の冒頭の一文は次です。

摂津半国の主であった松山新介の侍大将中村新兵衛は、五畿内中国に聞こえた大豪の士であった。

教師が「摂津半国の主であった松山新介の侍大将中村新兵衛は、」と読むのに続いて、子どもたちが「摂津半国の主であった松山新介の侍大将中村新兵衛は、」と読む。次に、教師が「五畿内中国に聞こえた大豪の士であった。」と読むのに続いて、子どもたちが同じように読む。更に教師が「摂津半国の主であった松山新介の侍大将中村新兵衛は、五畿内中国に聞こえた大豪の士であった。」と読み、子どもたちもこの一文を読む。こういう流れで一文一文を分解して、すべての文を二度ずつ読ませていくわけです。

詩であればこれを十回程度、古典であれば中学三年生であっても二十～三十回程度は繰り返します。小学生ならもっと読ませる必要があるかもしれません。

その教材を音読するにあたってふさわしいリズム、ふさわしいテンポを体感させるのに向いています。また、教師がイントネーションの見本を見せるという意味もあります。特に、どうしても七五調で読みたくなる五七調の短歌・和歌を、しっかりと五七調で読ませたいなどという場合にも適しています。

私はこの手法を教師側の視点から見た呼び方、「連れて行く読み」という意味で「連れ読み」と呼んでいますが、子どもたちの視点から見た呼び方、「追って行く読み」という意味で「追い読み」と呼ぶ人もいます。

いずれにしても、教師がさまざまにモデルを見せ、子どもたちがそれを真似ることによって、子どもたちの音読力が格段に上がります。一年間続けたらほとんどの子が音読を苦にしなくなるほどです。

5 一斉音読に取り組ませる

これも詩歌や古典にふさわしい手法ですが、全員で声をそろえて読むという音読の方法です。どうしても突っかかってしまう、詰まってしまう、という子がいる場合には、「連れ読み／追い読み」と並んで、かなり効果の高い手法です。

また、音量を最大限に上げて読ませるとか、音量をかなり小さく、ただし口だけは大きく開けて言葉をはっきり読ませるとか、一文置きにこれを交互にさせるとか、さまざまなバリエーションで取り組むこともできます。

古文や漢文の場合には、だんだんスピードを上げていくというのも効果的です。次第に早口言葉に近づいていくわけですから、自然にゲーム感覚になっていきます。ただし、これは教師にかなり滑舌の良さが要求されますから、それなりに練習が必要な教師も多くなるかもしれません。

いずれにせよ、「一斉音読」は、みんなで声を合わせることの楽しさを体感させるには、かなり効果の高い音読方法であると言えます。特にリズムの良いことば遊びの要素のある詩歌や、七五調や漢文調の古典などでは、子どもたちが夢中になって取り組みます。韻律を体感するためにも授業で多用したい音読方法です。

6 グループ音読でバリエーションをつくる

(1)一文読み／一行読み

「一文交互読み」の機能を小集団で発揮させようという読み方です。教材の難易度が高くてペア音読では心許ないという場合、或いは座席の関係でペアで行うと成績下位の子のペアが幾つもできてしまうというような場合に、子どもにそれと気づかせずに同じ機能をもたせることができます。また、一行読みは詩教材や古典教材の場合に、文や連ではなく、行で読みを交代させる場合の読み方です。

(2)句読点読み

漢字や難意語句も指導し、読みのリズムやテンポも身についてきたら、六〜七人で句読点で交代して読ませます。だんだんスピードを上げていくと、子どもたちはいきいきと活動します。

(3)ペア交代読み

四人のグループをつくり、二人ずつのペアを二つつくります。ペアAとペアBとが二人ずつ、交互に読んでいきます。一文交互読みをする場合と句読点読みをする場合とがあります。成績下位の子に抵抗感を抱かせずに、一文交互読みや句読点読みの効果を得られます。

(4)ペアリレー読み

六〜七人の生活班を使って、二人ずつ読みます。AさんからFさんまでいるとしたら、最初の一文をAさんとBさんが、第二文をBさんとCさんが、第三文をCさんとDさんが、というようにリレーしていきます。二度目に読むときには、第一文をBさんとCさんが、第二文をCさんとDさんが、第三文をDさんとEさんがというようにずらしていきます。

(5)一文リレー音読

最初の一文を読んだ人のスピードやトーン、抑揚の在り方をみんなで真似ながら、一人の人が読んでいるように読むグループ音読です。グループの全員が最初の読みに当たる、それだけの時間の保障が必要です。最初の一人が情感を込めて読むタイプだった場合、全体の読みが高まります。ただし、最初の一人が下位の子でたどたどしい読み方で始まった場合、その子を馬鹿にするような雰囲気で進む可能性があるので要注意です。そういう雰囲気が出て来たときには毅然とした態度で指導しなければなりません。

(6)句読点リレー読み

一文リレー読みを更に短く区切って、句読点で読む人を交代して、同じトーンで一人の人が読んでいるように読むグループ音読です。かなり難易度が高くなります。それだけにやり甲斐も楽しさも高まります。教室にはじける瞬間がたくさん生まれます。

(7) 動作化読み

私が授業時間が余ったときに使う、遊び感覚の音読です。例えば、グループで一文読みをしながら、「〜は」という副助詞が出て来たら、グループ全員が「わ」と言って頭の上に輪をつくります。ちょっと古いですが、「笑っていいとも」の友達の輪の要領です。それを全員でやる。そういうルールです。音読している人は「は」が出てくる直前に、ちょっと間を空けて、「は（わ）」と言って頭の上に「輪」をつくります。「摂津半国の主であった松山新介の侍大将中村新兵衛……は（わ）！」というようなタイミングになります。「〜は」が出て来ているのに気づかなかったり、輪をつくるのを忘れたりする子が出て、大笑いになります。一人でも忘れた子が出ると最初からやり直し、というルールです。どのグループが最初に読み終わるかを競い合うというゲーム性にすると盛り上がります。次第に難易度を上げて、「はが読み」というのもあります。「は」では輪をつくり、「が」では両耳の横に手で羽をつくりひらひらと動かして蛾の真似をした動きをします。あまりの馬鹿馬鹿しさ故に、中学校3年生でも夢中になって取り組みます。こうした遊び感覚も授業には必要なのです。

7 「音読テスト／完全無欠読み」で練習回数を増やす

ある教材文の最初から最後まで一度も読み間違わず、詰まらず、噛まずに読み通すというテストを年に数回行います。古典教材で何度も音読練習をさせたいが授業時間には限りがある、できれば家で何度も音読練習をさせたい、そういうときに効果てきめんです。中学生でも、少ない子で二十回程度、多い子は五十回程度は家で練習してきます。

私は古典教材は韻律を体感することが大切だと考えています。古典独特のリズムを理屈ではなく、躰で、感覚で覚えるわけです。そのためには、何度も何度も声に出して読み、躰にしみこませてしまうことが大切です。私はこれを「浴びるほど読ませる」という言い方をしています。

暗唱させることにも同じ効果がありますが、教科書教材には暗唱させる価値のある教材とそうでない教材とがあります。あくまで私の感覚ですから、一般性があるのかどうかはわかりませんが、例えば「平家物語」の冒頭「祇園精舎の鐘の声……」は暗唱する価値がありますし、「枕草子」の「春はあけぼの」も暗唱する価値があります。しかし、「平家物語」の「敦盛の最期」「扇の的」や「枕草子」の「月のいと明きに」となると、暗唱するほどの名句・名文ではありません。それを暗唱する時間と労力を課すなら、「徒然草」や

「方丈記」や「源氏物語」の冒頭といった、教科書には載っていないけれど我が国の基礎教養として認知されている、そういう文章を暗唱させた方が良いと思うのです。

私はこうした暗唱するほどの価値があるとは思えないけれど、教科書には掲載されている、その韻律には大きな指導価値がある、そういう教材で音読テストを行うことにしています。一人一人、教室の前に出させて、緊張感の中で音読します。ちょっとでも噛んだり詰まったりしたら、そこで終わりです。最後まで読み通せるまで、何度でもテストを受けることになります。

こうしたテストを二度も経験すると、子どもたちが古典の独特のリズムを体感できるようになります。その後は、係り結びの「とぞ言ひける」の読み方など、「とぞ、言ひける」と古典らしい読み方を指導しなくてもできるようになっていきます。もちろん、一人ひとりの音読テスト中には、他の子には別の課題を課してはいるのですが、自分が緊張感の中でテストを受けるというだけでなく、みんなの音読テストを受ける声が意識しなくても耳に入ってくるということが大きく作用しているようです。

みんなの前で声を出すことにだんだん抵抗がなくなっていく、みんなの前でテストに落ちてもだんだん平気になってくる、人前に立つことの緊張感がだんだん薄れてくる、そんな副産物もあります。

8 名文を暗唱させる

これも古典や詩歌が多いのですが、私はかなり多くの題材について「暗唱」に取り組ませます。我が国には国民の基礎教養と言っても過言でない名文・名句がたくさんあります。私はそれらを「暗唱」させることが、子どもたちの人生を必ずや豊かにするものと信じています。また、伝統的な言語文化を重視する学習指導要領の理念にも適っています。

最低でも「竹取物語」「枕草子」「徒然草」「方丈記」「源氏物語」「おくのほそ道」の冒頭、「万葉」「古今」「新古今」のそれぞれ主要な十首程度くらいは、義務教育のうちに暗唱させて卒業させたいものです。

暗唱はただ「暗唱せよ」と言っても下位の子を取りこぼしてしまいます。暗唱テストと音読テストを組み合わせて、段階的に指導していくとそれを回避することができます。特に「春はあけぼの」「おくのほそ道」などはけっこうな長さがありますから、一度音読テストを行い、韻律を完全に体感させてから暗唱テストを行うと、暗唱へのハードルが大きく下がります。

高校に進学した卒業生が遊びに来たときに、先生に暗唱させられて良かった、いま助かってると言うことが多くあります。

9 音楽記号で音読の工夫を考えさせる

個人音読にしても群読にしても、私は音読記号として「音楽記号」を使わせています。「ピアノ」「フォルテ」「クレシェンド」「デクレシェンド」のほか、「スラー」や「スタカート」も使わせます。読みの工夫を考えるうえで子どもたちが必要と判断すれば、本文になくても「ダ・カーポ」で繰り返すことさえ可とします。

音読記号はさまざまな論者がさまざまに主張していますが、世の中に決まったものがあるわけではありません。推敲記号ならかなり一般性の高い記号ですが、音読記号には一般性がないのです。しかも、社会に出てからの汎用性も薄いと言わざるを得ません。それならば、一般性も汎用性もあり、同じような機能をもちながらも子どもたちに馴染みのある「音楽記号」で代替させてしまおう、そうした発想です。

子どもたちは合唱で「音楽記号」を意識するときよりも気楽に取り組めるせいでしょうか、楽しみながら音読の工夫を考え、「音楽記号」を使いこなしながら音読や群読の発表を披露します。ときには曲をつけて歌い出す子さえ出ます。

「表現音読」は情感を込めて抑揚をつけるだけでなく、「楽しむ」という要素があって良い。あって良いというよりも必要である。私はそう考えています。

10

教師がモデル機能を果たす

子どもたちに音読を指導するわけですから、教師は音読に関する基礎的な技術についてはマスターしたいものです。音読指導では、子どもたちに何か不適切な現象があった場合には、すぐにその場で指導して直してあげなければなりません。そのためには、教師が音読技術を知っていることが重要です。最低でも次の十二点くらいは、知識としてもっとともに、使いこなせるようにしたいものです。

「音朗読」を支える〈言語知識〉

⑴姿勢

「安定した自然体」が安定した発声をつくる。

※安定した自然体～背筋を伸ばす／あごを引く／胸を張る／肩の力を抜く。

⑵呼吸

たっぷりと息を吸うことが「良い声」をつくる。

⑶発声

一番遠くの人まで自分の声を届けることは、最低限のマナーである。

(4)口形

正しい口形が正しく明快な発音をつくる。

(5)句読点読み

句読点の原則は、「読点は止まり、句点は休む」である。

(6)声量の大小

声量に変化をつけることにより、抑揚をつけ印象度を高める。

(7)声音の高低

声音に変化をつけることにより、抑揚をつけ印象度を高める。

(8)速度の緩急

速度に変化をつけることにより、抑揚をつけ印象度を高める。

(9)適切な間

随所に適切な間をとることにより、抑揚をつけ印象度を高める。

※「……」「——」などで、何らかの効果を意図した間

※会話文と地の文の間で意識的にとる間　etc

(10)地の文／会話文読み

原則として会話文はトーンを高く読み、地の文は落として読む。会話文の前後

には少しだけ間を空ける。

⑾昇調／平調／降調

文意に沿って、文末を読み分ける。

⑿オノマトペ読み

オノマトペはゆっくりと、低くなど情緒的に読む。

※例えば、大きな音は小さく、しみじみと読んだ方がその大きさが伝わることが少なくない。山が噴火した「ドドーン」という音は強く激しく読むよりも、内緒話をする程度の音量でゆっくり、長い時間をかけて発声した方がその噴火の大きさが伝わる。

これらを知ると、子どもたちにスキルとして教えたくなる方もいらっしゃると思いますが、あまり効果がありません。「地の文／会話文読み」「昇調／平調／降調」「オノマトペ読み」くらいは教えても良いと思いますが、その他は知識として教えるというよりは感覚として身につけなくてはならないものです。不備不足を見つけたときにその場で指導するのがふさわしいと言えます。「地の文／会話文読み」以下の三つも、教師が範読で実演していれば、そのモデル機能で子どもたちも自然に真似するようになっていきます。

「設定」を指導する一〇の原則

物語・小説を読めない子が増えてきました。かつてならしないような勘違いをする子が増えてきました。勘違いしたまま読み進めてしまう子も増えてきました。そしてそれが放っておかれるようにもなってきました。「学習活動」という名の作業化・行動化が授業の中心を占め、最低限の「正しい読み」というものさえ指向されなくなってきたからです。「理解」よりも「表現」が重視される世の中になって、この傾向が顕著になってきています。

しかし、「的確に理解すること」なくして「適切に表現すること」は不可能です。正しく理解していない内容について、感想を述べ合っ

たり批評したりすることにいったい何の意味があるのでしょう。子どもたちの読みの不備不足は訂正し、修正してあげなくてはなりません。

「設定読み」とは、物語・小説を成立させている「時間・場所・登場人物」を確認する読み方を意味しています。物語・小説を読んでいくにあたって、最初に、描かれている「時」「場」「人」をしっかりと押さえておきましょう、という読みの段階です。

主に「分析批評」の理論を用いていますので、詳細をお知りになりたい方は井関義久、浜上薫の両氏の著作に当たることをお勧めします。

「設定」を指導する10の原則

1 「設定」には三つの要素がある
2 登場人物を列挙させる
3 子どもが書いた登場人物をすべて板書する
4 登場人物を検討する
5 「登場人物」を定義する
6 「主人公」と「対象人物」を捉える
7 その他の登場人物を捉える
8 いかなる登場人物にも役割がある
9 「時」を把握する
10 「場」を把握する

1 「設定」には三つの要素がある

文学的文章には内容を成立させるための舞台設定があります。その物語（「物語教材」という意味ではなく、描かれる内容としての「物語」の意）はいつ起こったことが描かれているのか。その物語はどこで起こったことが描かれているのか。その物語にはどんな登場人物が描かれているのか。要するに、「時・場・人」です。こうした「設定」のない文学作品は、一部の叙景詩を除けば原則的にはあり得ません。「設定読み」とは、その物語の「時・場・人」を明らかにして、子どもたちがその文学的文章教材を読むうえでの前提をつくろうとする授業段階を言います。

子どもたちには回想シーンを現在起こっていることだと思っていたり、描かれている現場が移動しているのに同じ場所だと思っていたり、呼称の異なる同一人物を別の人物だと思い込んでいたりということがよく起こります。それをそのままにしておいたのでは、教師がいくら描写や主題を扱ったとしてもその子たちには機能しません。大きな勘違いをしているわけですから当然のことです。こうした読み進めるうえで絶対的に把握しておかなくてはならない「時・場・人」という物語設定の三要素を、最初に確認してしまおうというのが「設定読み」です。

2 登場人物を列挙させる

呼称の異なる同一人物を別の人物だと思い込んでしまう子。主人公の語る叙述の中に出てきただけの人物を登場人物だと捉えてしまう子。そうした子どもたちをその後の授業展開に参加させていくためには、最初に「登場人物」を確認してしまうことが必要です。

最初は時間がかかります。一時間いっぱいかかってしまうことが多いと思います。それでも二度目、三度目と進んでいくうちにかかる時間は圧倒的に短くなっていきます。三度目以降は自力で読み取れることも少なくありませんし、最低でも子どもたちの小集団交流に任せても充分に読み取れる状態にはなります。

発問としては、「登場人物を登場順にノートに箇条書きしてください」「登場人物を登場順に列挙しなさい」といったストレートなもので大丈夫です。「登場人物」という言葉は子どもたちがなんとなく知っている言葉です。その意味で、小学校一年生から使える言葉でもあります。

子どもたちがノートに列挙している間に必ず机間巡視して、子どもたちがどんな間違いや勘違いをしているかを情報収集します。割と冒頭に挙げたような勘違いをしている子が多いことに気づくはずです。

3 子どもが書いた登場人物をすべて板書する

　子どもたちに登場人物を列挙させたら、全員の書いたものをすべて黒板に書きます。指名して一人一つずつ挙げさせ、教師が板書していくわけです。

　私の場合は次のように言います。

「では、一人一つずつ挙げてください。二人目からは前に挙がっていないものを言います。もう自分が書いたものはすべて出たよという人は、『全部出ました』と言ってください」

　こう言って列指名していきます。「全部出ました」が何人か続いたら、「だいたい出たようですね。他に書いた人はいませんか?」と挙手指名に切り替えます。手を挙げた子は必ず指名して、間違いや勘違いであってもこれまでと同じように板書します。これを挙手がなくなるまで続けます。これですべてが板書されたことになります。

　ただし、ノートに書いているものがあるのに発表することに臆して挙手しないという子どもがいます。そうした子は指名して発表させます。事前に机間巡視をしていますから、教師はこれを把握していなければなりません。この授業は年度当初に行われることが多いはずですから、こうした意見があるのに発表しないという子を黙認してはいけません。それを許すと今後も発表しなくて良いんだと思うことが増えていきます。

4 登場人物を検討する

子どもたちの挙げた登場人物がすべて板書されたら、次のように言います。

「皆さんの挙げた登場人物がすべて出ました。この中で、『それは違うだろ』『それは登場人物とは言えないだろ』というものはありませんか？」

一つ指摘があるごとに議論していきます。叙述の中に出てくるだけの人物や、動植物が登場人物として挙がっている場合には、けっこうな議論になります。「説明されているだけで登場人物と言えるの？」「動物は登場人物なの？」「だったら、『ごんぎつね』のごんは登場人物じゃないの？」と、子どもたちなりに既習の教材を引き合いに出して、さまざまな意見が出るものです。

学級に議論の文化をつくっていくためにもこのやりとりは有効です。教材本文をよく検討すればだれでも理解できる内容ですし、間違って捉えていた子にとっても「なるほど、勘違いだった」と認めやすいということもあります。国語には教材本文をよく読めば答えが定まるような学習事項がたくさんある、誤りは恥ずかしいことではなく勘違いが修正できてかえって学びを得られる、一人では読み誤ってしまったことも集団で学習することによって学びが得られるといったことを指導していく良い機会にもなります。

5 「登場人物」を定義する

子ども同士の議論は次第に水掛け論になっていきます。呼称の異なる同一人物、地の文の叙述の中に説明されているだけの人物等については割と子ども同士の議論で解決するのですが、動植物を登場人物と捉えるか否かといった問題は子どもそれぞれの感覚の問題でもあり、水掛け論に陥りやすいのです。

そこで、「登場人物」を定義します。私は次の定義を採用しています。

【登場人物】物語において実際に活躍（行動や会話）する人物であり、原則として動植物は含まない。ただし、ファンタジーやメルヘンなどにおいて、動植物が擬人化されている場合にはその限りではない。

この定義が絶対的に正しいというわけではありませんが、義務教育においてはこの定義で行けると考えています。「実際に活躍する」で叙述の中に説明されるにすぎない人物をカットできますし、「ごんぎつね」の「ごん」や「大造じいさんとガン」の「残雪」を登場人物として捉えられる定義になっています。

6 「主人公」と「対象人物」を捉える

「お手紙」のがまくんとかえるくん、「ごんぎつね」のごんと兵十、「大造じいさんとガン」の大造じいさんと残雪、「少年の日の思い出」のぼくとエーミールなど、物語には「主人公」とその主人公と密接にやりとりする「対象人物」とが描かれます。

【主人公】物語の最初から最後まで登場し、対象人物との関係において精神的成長を遂げる登場人物。一人称視点で語り手を兼ねることがあり、三人称視点では唯一内面を描かれる登場人物であることが多い。
【対象人物】主人公と最も多くやりとりする登場人物であり、事件を起こして物語を進める役割を担うことが多い。また、ほとんどの物語で主人公を成長させる役割を担う。

この二人の登場人物を押さえておくと、その後の授業展開の視点が明確になります。基本的にはこの二人の行動や会話から二人の関係の変容を追っていき、そのそれぞれの場面で主人公がどんなことを考えているかを把握していけば良いわけです。

7 その他の登場人物を捉える

「主人公」と「対象人物」さえ押さえれば、その他の登場人物は一緒くたで良いかと言えばそんなことはありません。その他の登場人物も物語に必要だから登場しているのです。

【脇役】主人公・対象人物以外の主要な登場人物。
【端役】その他の登場人物。

「端役」はいわゆる「エキストラ」に近い人物です。あくまで主人公にとってある重要な場面を描くことが目的であって、その場面に出てくる登場人物自体には重要な人格的特徴がないという場合によく現れます。例えば、主人公がクラスメイトに馬鹿にされる場面。その場面は主人公にとって重要な場面ではありますが、馬鹿にしたクラスメイトはその人である必要はない、いくらでも替えが効く、そうしたタイプの登場人物です。

しかし、「脇役」はそうはいきません。主人公に重要な示唆を与える年長者、主人公の思考法の前提となるような両親や友達など、物語展開にとってかなり重要な登場人物である場合が少なくありません。

8 いかなる登場人物にも役割がある

義務教育の国語科で学ぶ物語・小説教材の多くは、基本的に「主人公の成長物語」という構造をもっています。最終的に「主人公」がどのような精神的成長を遂げたかを読むことに読解の鍵があると言って過言ではありません。

「主人公」は物語を進め、精神的成長を遂げる人物。「対象人物」は「主人公」と多くのやりとりをして、中心的な事件をともに体験し、「主人公」を成長させる人物と捉えてまず間違いありません。

問題は「脇役」です。「端役」の場合には前頁でも述べたように事件自体に意味があって、その登場人物自身には意味がない場合が多いのですが、「脇役」の場合にはそうはいきません。特にその「脇役」の会話文の内容は注視する必要があります。「脇役」が語っている内容については「主人公」の内面を読み取るのと同じくらい注力して読み、その言葉が主人公の成長にどのような影響を与えているか、或いはそれをきっかけとして「主人公」がどのような行動を取ったかなどについて細かく検討する必要があります。

「脇役」が意味もないのに登場しているということは絶対にありません。物語に必要だから登場しているのです。そこに重要な役割があるという前提で読む必要があります。

9 「時」を把握する

「設定読み」の第二は「時」です。年月日、季節、期間（何日間の出来事かとか何ヶ月程度が経っているか）といったことを明らかにするだけでなく、主人公にとって時間が早く感じられているとかゆっくり感じられるとか、或いは時間が止まって感じられているなどといった心象時間までを含んだ概念です。

一般的に、小学校中学年までの物語は、出来事が起こった順序に沿って描かれています。しかし、学年が上がるにつれて回想シーンが登場したり、場面の変わり目が数年も経っていたりといった教材が出てきます。子どもたちはこの「時」の流れが一定でない描かれ方をしていることに当初は戸惑いを抱きます。教師や学力上位の子どもたちには違和感のない当然のことが、一部の子どもたちには読みの大きな障壁になっていることがあるので、授業においては「時」の確認を怠ってはなりません。

また、「ある日」「ある朝」といった任意の「時」を描いているように見えて、それが前の場面と後の場面の間のわずか数日にしか候補がないとか、月の満ち欠けやお祭り、戦時中の出来事などが描かれていて年月日を特定できるなどという場合も少なくないので、教師の側にも留意が必要です。

10 「場」を把握する

「設定読み」の第三は「場」です。物語によっては描かれる場面の位置関係や遠近などについて明らかにしないと場面設定を読み取れないという場合があります。東西南北のどの方向に何が見えているか、或いは対象を見下ろしているのか見上げているのかという、主人公に見えている情景の在り方を明らかにすることが必要な場合もあります。主人公が場所を移動したことは子どもも理解するのですが、場所が移動したことによって主人公のいる位置の高さが変わり、見える風景が一変するということはよくあることです。

「場」の特徴を整理するには、登場人物の感じている「五感」の描写に留意する必要があります。即ち、情景描写としてさり気なく描かれている「視覚描写」「聴覚描写」「嗅覚描写」「味覚描写」「触覚描写」です。「遠くに海が見える」とか「遠くに波の音が聞こえる」とか「どこからか花のような甘い香りがしました」とか「ざらざらとした冷たい風が吹いてきました」とか、こういった描写は、登場人物がいまいる場所の状況や雰囲気を読み取るべき描写と言えます。

文学的文章の「登場人物」はみな、「時間」や「場所」との関係のなかで生きているのだと読み手は肝に銘ずる必要があります。

「構成」を指導する一〇の原則

説明的文章では必ず「構成」が指導されます。作文指導においても「構成」をしっかりと定めて書くことが推奨されます。しかし、文学的文章で「構成」が意識されることはあまりありません。文学的文章は作者が自由に書いているものだという観念的な思い込みがあるからだろうと思います。

しかし、物語・小説にも「構成」はあります。多くの物語・小説が必然的にそうした構成をとることになるという「典型」もあります。多くの物語・小説に共通した「構成」があるとすれば、それを扱わない手はありません。子どもたちにとって、それを知ることが物語・小説を

「わかりやすいもの」にしていくからです。

ここでは、物語・小説の構成として、「冒頭・展開・終末」と「起承転結」を紹介します。また、両者の関係についても紹介していきます。これで物語・小説教材の八割程度はカバーできるはずです。

もう少し詳しくお知りになりたい方は、「科学的『読み』の授業研究会」の一連の著作をお読みになることをお勧めします。主要教材については、教材ごとに、構成はもちろん、描写や主題、授業展開まで提案されているので、教材研究・授業づくりに大きく役立つと思います。

「構成」を指導する10の原則

1　物語・小説にも「構成」がある
2　冒頭部・展開部・終末部に分かれる
3　「冒頭部」で人間関係を紹介する
4　「展開部」で主人公の成長を捉える
5　「終末部」で主人公の評価を捉える
6　「起承転結」を捉える
7　「起承転結」は「展開部」の構成である
8　物語は「冒頭＋起承転結」でできている
9　「起承転結」を問う
10　「起承転結」の分かれ目は「時」の分かれ目である

1 物語・小説にも「構成」がある

説明的文章教材では必ず文章構成を確認するという教師も、文学的文章教材では場面を確認する程度という教師が少なくないようです。説明的文章教材では「はじめ・なか・おわり」のそれぞれが「序論・本論・結論」と対応していることが多く、それぞれが役割を担っていて機能性をもちますが、文学的文章教材は明らかな役割が見られず、構成を確認することにそれほどの意義を見出せないのかもしれません。

しかし、文学的文章にも構成はあります。しかもそれを知れば、それぞれの役割がわかって物語を読みやすく、捉えやすくなります。映画やテレビドラマと違い、物語・小説というものは「あちら側」から一方的に流されてくるものではなく、読者の解釈する時間が保障されています。立ち止まることもできますし、前に戻って確認したり振り返ったりすることもできます。要するに、読者が読書時間をコントロールすることができるわけです。その意味で、作者も構成を意識して綿密に書いています。

文章構成を捉えることは、その物語・小説の主題を捉えるうえでも有効です。どこが山場か、山場へと至る契機は何なのか、どこにどのように布石が打たれていたのかなど、その物語の妙に気づくための前提となるからです。

2 冒頭部・展開部・終末部に分かれる

物語・小説は基本的に三つの場面に分かれます。

【冒頭部】物語の導入。登場人物の紹介や舞台設定の説明を主たる目的とした場面で、物語を進める「事件性」がない場合が多い。
【展開部】物語の中心事件を描く場面。対役と大きくかかわった主人公が精神的成長を遂げる場面。
【終末部】登場人物のその後の展開を描く場面で、この場面のない作品も少なくない。

私自身は授業でも扱っていますが、この「冒頭部・展開部・終末部」の三部構成は教師にとって、教材研究では必須のアイテムとして機能します。特に「展開部」を読み取るうえで重要な情報が「冒頭部」に書かれていることが多く、私は「冒頭部」をかなり念入りに読むことにしています。「展開部」はいわゆる「物語」部分であり、現象が描かれていますが、「冒頭部」には観念的なことが描かれていることが少なくありません。

3 「冒頭部」で人間関係を紹介する

「冒頭部」はもともと、「ごんぎつね」（新美南吉・小四）において語り手が茂平さんから聞いたと紹介する場面や、「少年の日の思い出」（ヘルマン・ヘッセ作／高橋健二訳・中一）の第一部など、中心事件が起こる前の導入場面を指しました。

最近は一九八〇年代から二〇〇〇年代に書かれた、比較的新しい一人称視点の物語教材が教科書に採用されることが増えてきています。そうした教材では、「主人公」と「語り手」を兼ねる登場人物が、冒頭で自分と「対象人物」との人間関係を紹介していくことが多いようです。或いは冒頭で「対象人物」を詳しく紹介しつつ、その人物に対して自分がどう感じているか語るということもあります。これも「対象人物」を紹介しつつ、自分の思いを語ることで自分との人間関係を紹介しているわけです。そうした教材ではその冒頭場面が「冒頭部」ということになります。

「冒頭部」で紹介された人間関係は、「展開部」で必ず、そこで紹介された人間関係とは真逆の「意外な展開」を迎えます。それが中心的な事件へと発展していき、「主人公」に精神的成長をもたらすというようにつながっていくわけです。その意味で、「展開部」の前提となる人間関係を把握するためにあるのが「冒頭部」ということになります。

4 「展開部」で主人公の成長を捉える

「展開部」は物語を具体的に進める「事件性」のある部分です。

登場人物同士がかかわり合い、多くの場合、主人公がその中心事件を通して大きく精神的な成長を遂げます。前にも述べましたが、教科書教材として採用されるような文学作品は「主人公」の「成長物語」である場合が多いので、「展開部」には「主人公の成長（＝成熟）」があると言ってまず間違いありません。

その意味で、「展開部」で読むべきは、「冒頭部」で紹介された前提と異なるどんな事件が起こったのか（＝中心事件）、それ以前の「主人公」はどのような人物であったのか（＝「主人公」の人物像）、事件後の「主人公」は中心事件を通して何を学んだのか（＝「主人公」の成長の内容）という三つになります。ただし、三つのうちのどれかが他の二つに比べて極端に長いという場合もありますから留意が必要です。

また、「設定読み」で述べた「時」と「場」の読みの力が大きく発揮されるのも、この「展開部」の読みになります。「展開部」には「主人公」と「対象人物」とが日をまたいで、場所を変えて濃密に行動したり会話したりといった「現象」が描かれます。特にその中心事件がどのくらいの期間で起こったことなのかを捉えることはとても重要です。

5 「終末部」で主人公の評価を捉える

「終末部」は中心事件を描いた「展開部」の後に、「冒頭部」に対応する形で後日談や語り手のその事件に対する評価が語られる場面です。昔話における「こうして二人はいつまでも幸せに暮らしました」に当たる部分と考えればわかりやすいかもしれません。

教科書教材ではこの「終末部」がないことも多く、物語の最終場面には「ごんぎつね」でも語り手の登場がありませんし、「少年の日の思い出」でも「客」と向かい合う「わたし」が再び描かれることなく物語が終わっています。

小説では「終末部」で語り手が「展開部」で起こった事件を、或いは「主人公」の在り方を評価するというものが少なくありません。特に近代小説は「語り手」をどう設定し、小説内の「物語」をどう評価させるかに腐心してきた歴史がありますから、さまざまな試みがなされてきました。しかし、そうした小説は義務教育の教科書にはほぼ掲載されていませんから、あまり留意する必要もないというのが現実かもしれません。

むしろ、「終末部」がないことを逆手に取って、時間が許せば子どもたちに続編創作に取り組ませて、「終末部」を創作させるのがおもしろいと思います。子どもたちのさまざまな解釈が生まれますから、その交流も有意義なものになります。

6 「起承転結」を捉える

「起承転結」は物語において「中心事件」を描く際（展開部）の典型的な構成です。一般に四コマ漫画の構成として知られているようですが、もともとは漢詩の絶句を発祥としています。

周知のように、次のような四段構成を言います。

【起】事件（出来事）の発端
【承】事件（出来事）の発展
【転】事件（出来事）の転回
【結】事件（出来事）の解決

第一に何か出来事が起こる（起）。第二にその出来事が起こったときの印象のまま発展する（承）。第三にその出来事が予想外の意外な展開を迎える（転）。最後に、その出来事が意外な展開を踏まえて解決して話がまとまる（結）。こうした構成です。多くの物語・小説教材がこの構成に当てはまります。

7 「起承転結」は「展開部」の構成である

「起承転結」は一般に物語全体の構成だと誤解されていますが、あくまでも「展開部」（中心事件）を描くための構成であることに留意する必要があります。

場面設定を解説している「冒頭部」を「起」と捉えてしまうと、構成の捉え方を誤ってしまうことが少なくありません。「冒頭部」を「起」と理解すると、「起」を異様に長く捉えなければならなくなったり、「承」と「転」の辻褄が合わなくなったりしてしまうのです。漢詩の絶句や四コマ漫画がそうであるように、「起承転結」はあくまで「中心事件」が起こる「展開部」の構成であって、事件が起こるときに初めて「起承転結」が始まるのです。これを勘違いしてはいけません。

「冒頭部」を「起承転結」の外に置いて、「起承転結」を「中心事件」の構成として捉えると、多くの物語が「起承転結」に当てはまります。「ごんぎつね」では「ごん」が反省して兵十に栗や松茸を届け始める場面が「転」になりますし、「少年の日の思い出」では「ぼく」が「エーミール」ののどぶえに飛びかかるのをこらえる場面が「転」になります。ともにそれまでの主人公と比べてわかりやすい転換点になります。「冒頭部・展開部・終末部」と「起承転結」をこのような関係として把握することをお勧めします。

8 物語は「冒頭＋起承転結」でできている

物語・小説は「冒頭部・展開部・終末部」の三つでできている。「展開部」は「起承転結」の四つでできている。「終末部」は多くの物語・小説でカットされている。これらを総合すると、多くの物語・小説教材は「冒頭＋起承転結」の構成を採っている、と考えることができます。

こう考えますと、「冒頭」で主要人物の人間関係を捉えて前提を押さえ、その後は「起承転結」で「中心事件」の展開を追っていく、その際、「主人公」が何を考え、何を学んでいるかを一つ一つ押さえていく、そうした目処が立ちます。文学的文章教材の授業を苦手とする教師が多いのは、物語・小説の授業に対してこうした目処をもっていないからだと私は感じています。物語・小説に対してこうした目処をもったならば、やることがはっきりしますから困ることが減ります。子どもたちから見ても、何度も繰り返しているうちに「冒頭＋起承転結」が物語の基本構造として意識されますから、「転移する学力」としても機能するようになります。

もちろん、授業の仕方にバリエーションはあります。しかしそれは、基本を身につけてから開発していけば良いことです。

9 「起承転結」を問う

「展開部」を「起承転結」に分けるとき、「起承転結」の四段が同じ程度の分量で書かれているとは限りません。たいていの場合、「転」が他の三つより長いという傾向はありますが、その他はそれぞれの物語・小説によってばらばらです。四コマ漫画や絶句のようにそれぞれの分量が同じというわけにはいかないのです。

しかし、授業で「展開部」を「起承転結」に分けよと発問したときには、これが大きな効力を発揮することになります。子どもたちの捉えが分かれるのです。子どもたちの思考は意見が分化したときほど活性化するものです。つまり、子どもたちの意見が分化するほど学習活動は活発化するのです。その意味で発問というものは、子どもたちの意見を分化させられる発問ほど良い発問だと言われるほどです。

「展開部」を「起承転結」に分けるという学習活動は、ほぼ間違いなく子どもたちの意見が分かれます。しかも、それぞれの意見がそれなりの根拠とともに提示されます。全体討論にするにしても小集団交流にするにしても、ＡＬ型授業を展開していくための基礎指導として充分にその機能を発揮します。それが物語を深く読んでいくことにもつながるわけですから、一石二鳥、三鳥の意義があります。

10

「起承転結」の分かれ目は「時」の分かれ目である

　ほとんどの物語・小説教材は複数の日数を描いています。要するに日付をまたいで描かれているわけです。一日の出来事が描かれているという教材は小学校低学年にいくつかありますが、その他はほぼ複数日を描いていると見て間違いありません。

「起承転結」に分けるという場合、起・承・転・結のそれぞれが日付をまたがずに展開するということはまずありません。ですから、物語・小説の「構成」を捉える授業以前に「設定」を押さえておく必要があるのです。その意味で、起・承・転・結それぞれの分かれ目を捉えようという場合、まずは日付が変わっているところはどこかということが共有されていることが条件になります。もちろん、慣れてくれば、双方を同時に問うことも可能になっていきます。

　まれに同じ日に別の場所での出来事が描かれていることによって場面が変わるということもあります。ですから、子どもたちには優先順位の一番は「時」、二番は「場」と教えるのが良いと思います。

「設定」と「構成」を押さえると、その物語・小説の全体像がほぼ見えてきます。細かなところ（＝ディテール）を読むのはその後ということになります。

「描写」を指導する一〇の原則

物語・小説に限らず、すべての文学的文章は具体的な「描写」でできています。説明的文章が原則として論理的な「叙述」でできているのと対照的に、文学的文章は「書かれている」というよりも「描かれている」のです。その意味では、絵画や音楽に近いものがあります。

文学的文章を読むには、描かれた「描写」から具体的な像を浮かべ、まるでその場にいるような、或いはその登場人物になったような感覚で読み進めることが基本となります。これを「形象化」と言います。

もちろん、文学的文章にも「論理」はあります。しかし、論理的に読み、分析するだけでは

物語・小説は読めません。文学的文章はそれぞれの文や段落、場面を論理でつなげようとするだけでなく、同じ色彩を使ったり五感を使って感得した情景を散在させたりしながら、イメージで結びつけようとしているからです。その意味で、文脈から豊かに「想像化」し、豊かに「形象化」できる人ほど、物語・小説を広く、深く、豊かに読むことができる、という特徴をもっています。

ここでは、「描写」を読んでいくための基礎的な技術、基本的な構えについて紹介していきます。

「描写」を指導する10の原則

1 「人物描写」を捉える
2 「会話文」には三種類がある
3 「比喩」には五種類がある
4 「色彩語」のコントラストを捉える
5 「五感描写」で語られている以上のことを想像する
6 「視線の移動」を追う
7 「情景描写」が登場人物の心情を象徴する
8 「呼称」の変化から人物像を捉える
9 「副詞」「副詞句」から形象を読み取る
10 「文末」から登場人物の心象を捉える

1 「人物描写」を捉える

「人物描写」は登場人物を読者に映像化・形象化させるための描写のことです。大きく分けて、「行動描写」「心情描写」「会話文」の三種類があります。

【行動描写】登場人物の行動を描いた描写。
【心情描写】登場人物の心理・心情を描いた描写。
【会話文】登場人物の発話内容。

「人物描写」の多くは「行動描写」と「会話文」で成り立っています。「行動」と「発話」は現象ですから、当然、その描写の量が多くなります。

「心情描写」については、「一人称視点」では至るところに「主人公」(=語り手)の「心情描写」を配すことができますが、「三人称視点」では多くの場合、「主人公」の内面をたまに描写する程度で具体的な心情がたくさん描かれているわけではありません。従って、「三人称視点」の物語・小説では多くの場合、「登場人物」の「行動描写」からその心情を想像するということが行われることになります。

2 「会話文」には三種類がある

「人物描写」の一つである「会話文」には、次の三つがあります。

【 直接話法 】「　」を用いて直接的に描いた会話文。
【 間接話法 】「……と言った」と間接的に描いた会話文。
【自由間接話法】直接的な会話文を地の文に用いることによって臨場感を高める会話文。

「自由間接話法」は登場人物の心情や会話が地の文に突如出てくることによって、読者に大きな臨場感を与えます。「ごんぎつね」の「おれは、ひきあわないなあ。」や「走れメロス」の「歩ける。行こう。」などが典型的ですが、「直接話法」や「間接話法」とは質の異なる臨場感を生み出すのです。

いずれにしても、会話文が出てきたら、教材研究の段階で「その内容がなぜ会話文で描かれなくてはならなかったか」と検討してみることをお勧めします。また、「自由間接話法」が出てきたら、その個所は授業のポイントの一つになると認識して良いと思います。

3 「比喩」には五種類がある

義務教育で扱うべき「比喩」には「直喩」「隠喩」「活喩（擬人法）」「声喩（擬声語・擬態語）」の四種類があります。この他にも「換喩」（別の言葉に置き換えて象徴させる比喩／例「ペンは剣より強し」など）や「寓喩」（主題的な挿話を用いてある主題的な思想を暗示する比喩／例「猿も木から落ちる」「人間万事塞翁が馬」など）がありますが、教科書教材では滅多に使われることがありません。

取り敢えず、次の五つとして扱うのが良いでしょう。

【直喩法】「〜のように」「〜のごとく」などを用いて直接的に喩える比喩
【隠喩法】「〜のように」などを用いずに間接的に喩える比喩
【擬人法】人間以外の事物に対して人間のように喩える比喩
【擬声語】音声をそれらしいことばで喩える比喩
【擬態語】様子をそれらしいことばで喩える比喩

「比喩」は多くの場合、「ここに直喩が使われている」「これは隠喩だ」と子どもたちに指摘させるだけで授業を終えている傾向があります。もちろん、「比喩」を指摘できることは大切ですが、それ以上に大切なのは「比喩」によってどのようなイメージが喚起されるかという「比喩の効果」です。つまり、そこに「比喩」が使われていない場合と使われている場合でどのようにイメージが豊かになるかを捉えてこそ「比喩」の学習なのだと言えます。

しかし、「比喩」は豊かなイメージを読者に喚起する表現技法ですから、そのイメージに唯一の正解があるわけではありません。「比喩」がある場合とない場合とを比較しながら、その違いについて子ども同士で話し合ったり交流したりしながら、個々のイメージ同士の共通性と相違性を検討し合うというのが効果的な学習法になります。子どもたちに話し合わせるにも大人数で行うよりは、四人程度の小集団で一人ひとりの発言機会を多くすることが大切です。「比喩」の効果のように言語感覚を駆使した「ことばの豊かさ」に関する交流は、それぞれの意見を聞くうちに新たな発想が生まれるということが子どもたちのなかで次々に起こります。その意味で、発言機会を多く保障することのできる小集団交流が適しているのです。

いずれにしても、初期指導としては比喩の見分けも大切ですが、その後は指摘させるだけに止まらず、その効果を問題にしなければならないのだと心しましょう。

4 「色彩語」のコントラストを捉える

「色彩語」とは色彩イメージをもつ語によってコントラストをつくり、情景や心情を生き生きと描写する表現技法です。「色彩語」自体は「赤」「青」「黄」のように直接的に色を示す語もありますが、「薔薇（＝赤）」「空（＝青）」のように、むしろ色彩をイメージさせる語と捉える必要があります。

万緑の中や吾子の歯生え初むる　　中村草田男

「色彩語」による色彩対比の例としてよく用いられる句ですが、一面の緑（万緑）と一点の白（吾子の歯）の色彩対比が鮮やかな一句です。「色彩語」は対比的な色彩をイメージさせる二語によってこうしたコントラストをつくるのが一般的です。

「きつねの窓」（安房直子）に次のような場面があります。

と、その時、ぼくの目の前を、ちらりと白いものが走ったのです。ぼくは、がばっと立ち上がりました。ききょうの花がザザーッと一列にゆれて、その白い生き物は、ボールが転げるように走っていきました。

たった三文の中にたくさんの比喩が用いられるとともに、一面のききょうの「青」の中に「白」い子ぎつねが一点、草田男の句と同じタイプの色彩対比が見られます。

また、「夏の葬列」（山川方夫）に次のような場面があります。

濃緑の葉を重ねた一面の広い芋畑の向こうに、一列になった小さな人影が動いていた。線路わきの道に立って、彼は、真っ白なワンピースを着た同じ疎開児童のヒロ子さんと、並んでそれを見ていた。

この描写はすぐ横にいるヒロ子さんの真っ白なワンピース、眼前に広がる芋畑の濃緑、そしてその向こうに見える黒い人影（葬列）という、近くから遠くへとだんだんと色が暗くなっていく三段階にわたる色彩が描かれています。また、この後、ヒロ子さんは突如現れた艦載機の銃撃に撃たれ死ぬことになるのですが、その場面で語られる「下半身を真っ赤に染めたヒロ子さん」という描写は、「真っ白なワンピース」のイメージと相俟って、事態の深刻さ、悲惨さを際立たせます。

5 「五感描写」で語られている以上のことを想像する

視覚・聴覚・嗅覚・味覚・触覚の五感によって情景を描くことによって、情景を生き生きと描写したり登場人物の心情を象徴したりすることがあります。

例えば、「ごんぎつね」の冒頭に次のような段落があります。

　ごんは、村の小川のつつみまで出てきました。あたりのすすきの穂には、まだ雨のしずくが光っていました。川はいつもは水が少ないのですが、三日もの雨で、水がどっとましていました。ただのときは水につかることのない、川べりのすすきやはぎのかぶが、黄色くにごった水に横だおしになって、もまれています。ごんは川下の方へと、ぬかるみ道を歩いていきました。

ここには視覚描写として「すすきの穂に光る雨のしずく」「水がどっとましている」「黄色くにごった水に横だおしになるすすきやはぎのかぶ」といった描写が見られ、三日間続いた雨の後のいつもと異なる様子を生き生きと表しています。また、「ごんは川下の方へと、ぬかるみ道を歩いていきました。」は何気ない描写に見えながら「ごん」の歩きづらさが浮かんで来る触覚描写として機能しています。このように考えてくると、このときに「ごん」にはどんな音が聞こえ、どんな匂いを嗅いでいたのかという想像力も働き始めます。

「故郷」（魯迅『魯迅文集』／竹内好訳・中三）の冒頭は次のように始まります。

きびしい寒さのなかを、二千里のはてから、別れて二十年にもなる故郷へ、私は帰った。

もう真冬の候であった。そのうえ故郷へ近づくにつれて、空模様はあやしくなり、冷い風がヒューヒュー音を立てて、船のなかまで吹きこんできた。苫のすき間から外をうかがうと、鉛色の空の下、わびしい村々が、いささかの活気もなく、あちこちに横たわっていた。おぼえず寂寥の感が胸にこみあげた。

ああ、これが二十年来、片時も忘れることのなかった故郷であろうか。

「寂寥」を「私」にこみあげさせたものは何なのでしょうか。本文に語り手による説明はありません。「寂寥の感」以前に語られている多くは情景描写です。しかし、それは「私」が見聞きした情景でもあります。これを五感に分けてみましょう。

【視覚】空模様はあやしく　苫のすき間　鉛色の空　わびしい村々

いささかの活気もなく　横たわっていた

【聴覚】ヒューヒュー音を立てて

【触覚】冷たい風　船のなかまで吹きこんできた

そしてこれらの「五感描写」を「真冬の候」「きびしい寒さ」といった叙述が包み込んでいるわけです。こう整理すれば、具体的には描かれていない「私」がどんな匂いを嗅いでいたか、口の中に何を感じていたか、といった嗅覚・味覚も想像することができます。どんよりとした、それでいて冷たさをも感じさせる川の匂い、舌はざらつきと苦さを感じていたかもしれない、等々。こうした視・聴・嗅・味・触のすべてがネガティヴな方向で、しかも一斉に「私」に感得されるのです。頭で考える間もなく、ただただ一度に五感を刺激したわけですから、「おぼえず」となるのも無理はありません。五感の刺激が「私」の中に巣くっていた故郷への哀惜と響き合い、胸に込み上げる「寂寥の感」として自発的に現れたのです。こうして「私」は、「ああ、これが二十年来、片時も忘れることのなかった故郷であろうか」と自らに問いかけざるを得なかったのでしょう。

「五感描写」を読むことは、表現されている描写を読むだけでなく、実際には書いていない事柄まで想像しやすくする効果があるのです。文学的文章をより豊かに、より主体的に読むためにも登場人物の「五感」を想像することは大きな威力を発揮するのです。

6　「視線の移動」を追う

語り手や視点人物の見ている対象が移り変わることを「視線の移動」と言います。「故郷」に次のような場面があります。

あくる日の朝はやく、私はわが家の表門に立った。屋根には一面に枯れ草のやれ茎が、折からの風になびいて、この古い家が持ち主を変えるほかなかった理由を説きあかし顔である。いっしょに住んでいた親戚たちは、もう引っ越してしまったあとらしく、ひっそり閑としている。自宅の庭さきまで来てみると、母はもう迎えに出ていた。あとから八歳になる甥の宏児もとび出した。

何気なく読んでしまっては読み飛ばしてしまいそうな場面ですが、ここには「私」の著しい視線の移動があります。ためしにこう考えてみましょう。「私」が表門に立ってから母や甥の宏児（ホンル）に会うまで、どのくらいの時間が経過しているでしょうか。「私」が見たものをヒントに考えてみましょう。

この場面では、まず「屋根には一面に枯れ草のやれ茎」とありますから、最初は屋根一面を広く見渡しているはずです。しかし、「折からの風になびいて、この古い家が持ち主を変えるほかなかった理由を説きあかし顔である」と続くに従って、風になびく枯れ草のやれ茎の一つにズームしているようにも感じられます。家を売らざるを得なかったことを考えたり、ひっそりとした家に親戚たちは既に引っ越したのだなあと考えたりしながら、「私」の視線はどのように動いているのでしょうか。描写にはありませんが、ずっと風になびく枯れ草のやれ茎を見つめ続けていたとは考えにくいのではないでしょうか。こうした思考の後に初めて、母や宏児がいることに気づくのです。こう考えてくると、この短い描写群のうちに、けっこうな時間が流れていることに気づくはずです。

このように「視線の移動」は人物の形象を豊かにするのに役立つのです。

また、「ごんぎつね」の六の場面に次のような「視線の移動」があります。

兵十は、立ち上がって、納屋にかけてある火なわじゅうを取って、火薬をつめました。

そして足音をしのばせて近よって、今、戸口を出ようとするごんを、ドンとうちました。ごんはばたりとたおれました。兵十はかけよってきました。家の中を見ると、土間にくりが固めて置いてあるのが目につきました。

「おや。」と、兵十はびっくりしてごんに目を落としました。
「ごん、お前だったのか。いつもくりをくれたのは。」

兵十は「ごん」を狙って撃っています。「ごん」を撃ち、「ごん」がばたりと倒れたことは確認したことでしょう。しかし、その後、兵十が気にしたことは「家の中を見る」ことでした。「ごんぎつねめ」に家の中を荒らされていないかを何より真っ先に確認したのです。兵十にとって「ごん」はただのいたずら狐、獣に過ぎません。しかし、家の中では土間に「くりが固めて置いてあ」りました。しかもそれは兵十にとっては、「見た」のではなく「目についた」のです。ここで初めて、兵十は「びっくりしてごんに目を落と」すのです。

さて、これもまた時間を考えてみましょう。「戸口を出ようとするごんを、ドンと」撃ってから、「ごん、お前だったのか。いつもくりをくれたのは。」という台詞まで、いったいどれほどの時間が経過しているでしょうか。五秒でしょうか。十秒でしょうか。「視線の移動」を追っていくと、この短い時間に兵十の中で何が起こったのかということが、臨場感とともに理解されてくるのです。人物の形象を豊かに読むということはこういうことなのであり、それには「視線の移動」を追うことが大きな効力を発揮するのです。

7 「情景描写」が登場人物の心情を象徴する

「情景描写」には情景を表すのみならず、登場人物の心情を象徴する効果もあります。

ある秋のことでした。二、三日雨がふりつづいたそのあいだ、ごんは、ほっとして穴からはい出しました。空はからっと晴れていて、もずの声がキンキンひびいていました。

これは「ごんぎつね」の冒頭近くにある段落ですが、ここでも「空はからっと晴れていて」や「もずの声がキンキンひびいていました」が、三日間にわたって降り続いた雨がやっとあがり、外に出られると穴から這い出した「ごん」の嬉しさ、明朗で快活な心情が象徴されています。

また、かつて教育出版の中学校教科書に掲載されていた長野まゆみの「夏帽子」という教材に次のような描写があります。

強風ならば、渡し舟を出せないだろうとも言い、かたわらの少年は浮かない顔をして帰りの舟に乗りこんだ。紺野先生は自分の下宿に少年を泊めてもよいと提案したが、彼の祖父は、孵化の場面に立ち会うのと同じくらい、のぞみがかなわないことをしんぼうする気持ちも大事だと少年を諭した。夕やみの中、群青の水尾をひいて舟は島へ向かった。

この最後の一文「夕やみの中、群青の水尾をひいて舟は島へ向かった。」という描写は、舟のあとを引く水尾を描写する「情景描写」であると同時に、「孵化の場面に立ち会いたい」「できれば紺野先生の下宿に泊まりたい」という少年の後ろ髪引かれる思いを象徴しています。

私はこうした「情景描写」の効果のことを「情景象徴法」と呼んでいますが、それは「ごんぎつね」「夏帽子」の二つの例のように、「情景描写」に「登場人物」の心情を象徴させる表現の工夫のことなのです。

このように一見何気ない「情景描写」と思われる叙述が「登場人物の心情」と響き合って、文学的文章の表現を生き生きと豊かにしているということがさまざまな場面で見られるのです。こうした「情景描写」の工夫は作文を書くときに生きるので、子どもたちに是非とも指導したい表現の工夫です。

8 「呼称」の変化から人物像を捉える

文学的文章において「登場人物」にどのような「呼称」が与えられているかは、読み取りにおける重要な要素です。特に途中から「呼称」が変化している場合には、そこに大きな意味がある場合が多いので注意しなくてはなりません。

「走れメロス」において、メロスが疲れ果てて走るのを諦めようかと葛藤するとき、メロスは自分に対して「希代の不信の人間」「不信の徒」「不幸な男」「裏切り者」「地上で最も不名誉な人種」「悪徳者」といった自らを卑下する「呼称」を連続して用います。にもかかわらず、同時に「真の勇者」「正義の士」「正直な男」といった自己肯定を表す「呼称」をも用いています。ここにはメロスの葛藤の振幅の大きさが示されているということを西郷竹彦や鶴田清司が指摘しています。

また、「語り手」が自己表出するタイプの小説教材では、物語内の「呼称」から「登場人物」の認識や心情を読み取れるということばかりでなく、「語り手」による「呼称の変化」によって、「語り手」のその「登場人物」に対する評価、或いは評価の変化を見て取ることもできます。そうした教材は義務教育の教科書では少ないのが現実ですが、知っていて損はない知識だと思います。

9 「副詞」「副詞句」から形象を読み取る

「ごんぎつね」の「ごん」は、「ほっと」して穴からはい出て、「そうっと」草の深いところへ歩み寄り、「じっと」兵十を覗きます。また、「ごん」は「ぴょいと」草のなかからとび出して、「ちょいと」いたずらがしたくなります。びくの魚を取り出しては「ぽんぽん」と川の中に投げ込みます。こうした「副詞」や「副詞句」の用い方の統一性が「ごん」の形象を形づくり、「ごん」の人物像を規定するのに大きく寄与しています。

「オツベルと象」(宮澤賢治)の「白象」は、「ぶらっと」森を出てただなにとなくやって来ます。小屋の入り口には「のこのこ」上がってきて、「のんきに」歩き始めます。オツベルの策略を秘めた誘いに対しても「けろり」と承諾します。一方の「オツベル」は「ぶらぶら」しながら百姓たちの仕事を見張り、「ほくほく」したビフテキやオムレツを食べ、「ちらっと」鋭く白象を見やります。何度も「ちらっと」白象を見ては、やっと白象に声をかけて白象を手に入れると「くしゃくしゃ」の顔で喜びます。周りでその様子を見ている百姓たちは何度も何度も「ぎょっと」したり「ぎくっと」したりします。

登場人物や情景に対する「副詞」「副詞句」の用い方から、登場人物の心情や人物像の統一性を見て取ることができます。

10

「文末」から登場人物の心象を捉える

「登場人物」の行動描写の文末表現の用いられ方から、「登場人物」に対する心象を見て取ることができます。

例えば、「ごんぎつね」の冒頭に次のような段落があります。

ごんは、村の小川のつつみまで出てきました。あたりのすすきの穂には、まだ雨のしずくが光っていました。川はいつもは水が少ないのですが、三日もの雨で、水がどっとましていました。ただのときは水につかることのない、川べりのすすきやはぎのかぶが、黄色くにごった水に横だおしになって、もまれています。ごんは川下の方へと、ぬかるみ道を歩いていきました。

この段落は「出てきました」「光っていました」「ましていました」「歩いていきました」と、基本的に文末には完了の助動詞が使われています。要するに文末が過去形の連続で進んでいるわけです。

しかし、このなかで一文だけ、「もまれています」と丁寧の助動詞が現在形で用いられている箇所があります。この文をよく読むと、ふだんはそんなことがないのに、今日は三日間の雨で増水した川の水によって「川べりのすすきやはぎのかぶが、黄色くにごった水に横だおしになっ」たことに対して、「ごん」が驚いている様子を表していることに気がつくはずです。

このように、「文末表現」には、その用い方によって「登場人物の心象」を表す効果があるのです。用言や体言、その他の自立語だけが「登場人物」の心情を表すのではありません。助詞や助動詞といった附属語が「登場人物」の読みを豊かにするということがたくさんあるのです。

私は「ことばのディテール（細部）」にこだわればこだわるほど、「国語学力」が高いと言えると考えています。その意味で、本節で挙げた「自由間接話法」「色彩語」「五感描写」「視線の移動」「情景象徴法」「呼称」「副詞」「文末」などは、「設定」や「構成」「主題」など大きなことを読み取るのではなく、まさに「ディテール」を読むための技術と言えます。全国の教師に、国語教室において、子どもたちにこうした技術を「知っている」だけでなく「使える」ところまで定着させて欲しいと願っています。それが子どもたちの理解力・表現力を高めていくのだと信じています。

「主題」を指導する一〇の原則

その物語・小説が何を伝えようとしているのか、それがわからないと感想を述べ合うことも批評することもできません。その物語・小説は何を伝えようとしているのかわからないままに行われる「目的に応じた言語活動」は、その物語・小説を都合よく利用するだけの穢らわしい行為でさえあります。その意味で、物語・小説の「主題」を読み取ることは、やはり国語科授業の核の一つだと言えるでしょう。

昨今、SNSにおいて、相手の言い分を理解しないままに強烈な言葉で反論する人が多いことが問題視されています。そういう人は、文章の「主題」を読み取ったり、発話者の「主想」

を読み取ったりという能力が決定的に欠如しています。読まないのではありません。「読めない」のです。能力の欠如が「コミュニケーション不全」を起こしている。それが現在の我が国の現状です。

子どもたちが将来、コミュニケーション不全に陥らないために、相手の意見や立場に配慮したり尊重したりしながらコミュニケーションを図れるようになるために、「主題」と細部（さまざまな描写）との関係性を常に意識させることが必要です。そのためにも「主題読み」が大切なのです。

「主題」を指導する10の原則

1 「主題」を定義する
2 「主題読み」には六段階がある
3 「主人公の精神的成長」が主題である
4 「主人公」は問題を自覚し成熟する
5 「精神的成長」を言葉にしてみる
6 「中心事件」を的確に読み取る
7 「当初の主人公の問題」が重要である
8 「当初の主人公の問題」を読み取る
9 「主題」はゴールでもあり前提でもある
10 「ガリレオ型」から「古畑型」に転換していく

1 「主題」を定義する

かつて文学的文章教材における読解・鑑賞の定番は「主題」を読むことでした。

二一世紀を迎えた頃から国語教育が「文学的文章の詳細な読解に偏りがち」だったことが反省され、「主題」を読むことは文学的文章教材授業の定番から退きました。しかし、「主題」を読み取らなければなんとなく物語・小説を読んだ気がしない、授業が終わった気がしないという声もよく聞かれるところです。

「主題」という言葉はさまざまに用いられており、文学的文章の「主題」に関する市民権を得た定義というものはない、というのが実情です。私は「主題」を、

> 主人公の成熟（精神的成長）から読み取れる、作品全体を貫く抽象概念・寓意

と定義しています。

この定義のポイントは二つです。一つは〈主題〉が「抽象概念・寓意」であるということ、もう一つは、それが「主人公の成熟（精神的成長）」から読み取られるべきものであるということです。

2 「主題読み」には六段階がある

〈主題〉の読み取りの過程を私は次の六段階に簡潔に整理しています。

(1)登場人物を列挙する。
(2)主人公と対象人物を明らかにする。
(3)中心事件を明らかにする。
(4)中心事件の前後の主人公を比較する。
(5)中心事件を通して主人公の成熟内容を明確化する。
(6)主人公の成熟内容を抽象概念・寓意としてまとめる。

つまり、物語というものは基本的に「主人公の成熟（＝精神的成長）」を描いている。主人公の成熟は中心事件を介して成立する。従って、中心事件の前後の主人公を比較して、主人公にどのような成熟が見られるかを検討すれば良い。もともとの主人公が「中心事件を介して学んでいること」が主題である。「主題」を読み取るとは、もともとの主人公が中心事件を介して何を学んだかを明らかにすることだ。そういう考え方です。

3 「主人公の精神的成長」が主題である

これを図示すると次のようになります。

当初の主人公 ↓ 中心事件 ↓ 当初の主人公＋α

物語の冒頭には、必ずある問題を抱えている「主人公」が登場します。「主人公」は問題を抱えていることを自覚しておらず、居心地の良い現在をこのままで良いと考えています。しかし、あるとき、その抱えている問題を顕在化するようなトラブルが起こります。「主人公」は困ります。悩みもします。これが「中心事件」です。

しかし、「主人公」は「中心事件」に戸惑ったり悩んだりしながらも、ある日、何かをきっかけに「いまのままではいけない」とするポジティヴな決意をします。前に進もうと決意するわけです。こうして一歩前に進むことになります。それでトラブルが解決の方向へと進んでいきます。そしてトラブルが解決した姿が描かれて物語は終わります。

これが典型的な物語の構成ですが、ここでの「ポジティヴな決意」が「＋α」であり、「主人公の精神的成長」の内容であり、「主題」にもなるわけです。

4 「主人公」は問題を自覚し成熟する

例えば、「大造じいさんとガン」において、「大造じいさん」は当初、どんな手を使ってでも「残雪」を捕らえようと画策します。釣り針作戦、たにし作戦、おとりの雁作戦と展開していきます。要するに汚い手を使ってでも、なんとしても残雪を捕えようとしていたわけです。この姿勢が「当初の問題を抱える主人公」です。

しかし、「大造じいさん」はおとりの雁を使うという画策に際して、「残雪」が仲間の雁のために「ハヤブサ」に勝負を挑む場面を目撃します。自分よりも強い相手に真正面から向かっていったわけです。それを見た大造じいさんは「ただの鳥」を見ているのではないようだと思うほどに感心します。感動した「大造じいさん」は鉄砲を下ろします。これが「中心事件」です。

その結果、「大造じいさん」は怪我をした「残雪」を捕らえ、怪我の手当をして逃がします。そのまま「残雪」を捕らえたままにしておけば、「大造じいさん」の狩りは今後楽になるにもかかわらず、「おまえみたいなえらぶつを、おれは、ひきょうなやり方でやっつけたかあないぞ」と解放するのです。つまり、「卑怯な手で戦うのではなく、堂々と戦うことを望む大造じいさん」が「成熟した主人公」ということになります。

5 「精神的成長」を言葉にしてみる

こうした構造を捉えたら、「当初の主人公」と「成熟した主人公」とを比較してみます。

「大造じいさん」は「残雪」を逃がした後も狩りをやめるわけではありません。生業《なりわい》なのですから当然のことです。「大造じいさん」は自分がこれまで「ひきょうなやり方」を採ってきたことを自覚し、今後は「堂々」と「残雪」と闘うことを決意したのです。

成熟内容はもはや明らかでしょう。「+α」の内容は「正々堂々」とか「フェアプレイ」とか「ひきょうな手で思いを遂げても後悔が残る」とか「物事に真正面からの臨むことの大切さ」とか、いずれにしても文言は子どもたちに任せれば良いわけです。

6 「中心事件」を的確に読み取る

光村図書教科書（令和三年度版）の中一教材に「シンシュン」（西加奈子）という物語があります。中学校入学後の最初の物語・小説教材という位置づけに配置されています。

主人公は「シュンタ」、対象人物は「シンタ」、二人合わせて「シンシュン」です。二人は中学校入学と同時に、背丈や好み、名前までそっくりなことから瞬時に意気投合します。その仲の良さは周りの者たちが「シンシュン」とひとまとめに呼ぶほどでした。

しかし、ある日、国語の授業で読んだ小説の感想の行き違いにより、二人は気まずくなります。一緒にはいるけれどうまく話せない、あたりまえのことしか話題にできない時期を経て、二人とも口数が少なくなってしまい、遂には一緒にいることさえしなくなっていきます。しかし、「シュンタ」が「そうだ、どうせなら、ちゃんとけんかしよう」と決意して「シンタ」に話しかけたことを契機に、双方がこれまでの心情を吐露し合い、お互いに理解し合います。二人は前にも増しておしゃべりになったと物語は終わります。

「中心事件」はちょっとしたきっかけで二人が気まずくなってしまったことです。或いはその後の心情の吐露のし合いによる相互理解をも含んでも良いかもしれません。いずれにしても、「中心事件」は的確に読み取らなくてはなりません。

7 「当初の主人公の問題」が重要である

しかし、問題は、この中心事件の前後において、主人公「シュンタ」の成長が見られないことです。実はこの物語は、中心事件後にどのような成長を遂げたかを探しても見つからない構造になっています。

ある日、国語の授業で小説を読んだ。
短いお話で、全然明るくなくて、それどころか暗くて、悲しい話だったけど、僕はすごく好きだと思った。どうして好きなのか全然説明できなかった。だから、シンタに話そうと思った。僕が好きなんだから、シンタも絶対に好きだろう。そしてシンタなら、その理由を教えてくれるにちがいない。

二人が気まずくなっていく、きっかけとなる箇所です。この後、主人公は「シュンタ」に「あれ、嫌いだ」としかめた顔で言われ、自分もまた「そうだよな。僕も嫌い」と答えます。この小さなすれ違いを機に二人に距離が生まれるのですが、皆さんは、この引用文中に描かれている主人公「シュンタ」の本質が見えるでしょうか。

実は主人公「シュンタ」は、相手の「シンタ」に「依存」していたのです。僕が好きなものはシンタも好きに違いないという思い込み、自分には説明できないがシンタなら説明できるはず、こうした依存があるからこそ、シンタの「あれ、嫌いだ」の言葉に「僕も嫌い」と答えてしまったのです。冒頭の二人の紹介が対等関係のように書かれているので、読者はついつい騙されてしまいますが、しかしそれは、主人公の自己認識の甘さによるものに過ぎなかったのです。

これを見つければ、「依存から対等な関係へ」という成長物語が成立するのです。

このように、一人称視点の物語には、一人称で語られるが故に「主人公」が当初の自分自身の問題を自覚していないということがあり得ます。その意味で、「中心事件」の契機となる箇所は常によく読み込むという姿勢が大切になります。

「中心事件」を介した「主人公の精神的成長」と言うと、その成長内容を読み取るには「成長後の主人公」がどうであるかを読み取ることだと思いがちです。しかし、むしろ、「中心事件」以前の「当初の主人公」の問題点をこそじっくりと捉えることが重要である場合が少なくないのです。

9 「主題」はゴールでもあり前提でもある

さて、本節冒頭で「主題」の読み取りが文学的文章教材指導の定番から退いたと述べました。しかし、これは授業のゴールとしての「主題」指導が定番ではなくなったということを意味しています。

例えば、昨今は感想を交流したり批評を述べたりということが重視されるようになってきているわけですが、このことは、実は「主題」の読み取りが「ゴール」ではなく、「前提」になった、ということを意味しています。定番から退いたのは、最初から最後まで詳細に読解したうえで最後に「主題」を明らかにして終わるという、「主題」の読み取りをゴールとする授業の在り方なのです。

私はよく、新しい教材の第一次において、この「主題発見の技術」（一六七頁・主題を読み取る六段階の過程）を用いて子どもたちに「主題」を読み取らせてしまいます。その後、その自分で読み取った「主題」が正しいか否かを細かく読みながら検討していくとか、その自分で読み取った「主題」を前提として交流学習したり批評学習をしたりするとか、そうした「主題」の読み取りを「前提」とする授業へと授業形態を転換していきます。

そのためにも、「主題発見の技術」を初期指導として重視しているわけです。

10 「ガリレオ型」から「古畑型」に転換していく

一般に推理もののドラマは刑事や探偵が事件の謎を解き、犯人捜しをしながら進みます。最後には犯人が明らかになって視聴者はカタルシスを得ます。これが推理ドラマの基本構造です。「相棒」も「ガリレオ」も基本的にはこの構図を採っています。

しかし、これとは逆の推理ドラマもあります。「刑事コロンボ」や「古畑任三郎」は物語の冒頭で犯人の犯行シーンを描きます。そこに刑事や探偵が登場して少しずつ追い詰められていく犯人の姿（＝葛藤）を描きます。「相棒」や「ガリレオ」もときにこの構成を採ることがあります。直木賞受賞作であり映画化もされた『容疑者ｘの献身』などはこのパターンの構成を採っています。私は「主題」を「ゴール」とする授業の在り方を「名探偵ガリレオ型」、「主題」を「前提」とする授業の在り方を「古畑任三郎型」と呼んで、教室でも用語として用いています。「さあ、今回は古畑型で行くよ」というわけです。

二十一世紀に入って、「活動型」の授業が隆盛を極めています。しかし、子どもたちが自力で学習活動を展開するためには、それ以前に基礎的な指導のレッスンが必要です。その意味で主題指導も「ガリレオ型」から始めてそれを定着させ、少しずつ「古畑型」に転換していくことが必要だと感じています。

授業力を向上させる一〇の原則

教師の能力は「授業力」で計られます。授業力のない教師は、いかに事務仕事ができても人間性が高くても「教師」としては未熟です。

しかし、「授業力」には完成形がありません。理想形もありません。教師それぞれが自分に合った授業の「理想イメージ」を常に抱きながら、しかもそれを常に更新しながら、自分なりの「授業力向上」を目指していくしかないのです。

そのために努力を怠ってはならない。よく言われることです。しかし、何をすれば良いのかということは、なかなか教えてくれる人はいないものです。いかなるベテラン教師も、「授業名人」と呼ばれる教師でさえ、人それぞれの授

業力向上の道があると捉えていますから、万人に通じる上達論がないというのが本当のところなのだろうと思います。

ここでは、国語科の「授業力向上」のために、これだけは方向性として間違いないと思われる取り組みについて紹介しようと思います。人によって合う合わないはあるかもしれませんが、できれば一度は取り組んでみて、「自分には合わない」と判断するのは取り敢えず留保して、試してみることをお勧めします。

授業力を向上させる10の原則

1 「授業ノート」をつくる
2 「授業記録」を書く
3 「授業の録音」を聞く
4 日常の授業に課題意識をもつ
5 先輩教師の「板書」を見る
6 「研究授業」を繰り返す
7 「校内研究」を大切にする
8 「地元の研究会」で学ぶ
9 「発展途上人」から学ぶ
10 「研究仲間」をもつ

1 「授業ノート」をつくる

多くの教師が「授業ノート」をつくっていることと思います。授業の流れを書き、主たる指導言を書きといったものです。要するに、指導略案です。しかし、この形のノートをいくら積み重ねてみても、授業力の向上は望めません。そこには教材研究がなく、子どもの姿もないからです。

実は若い教師には指導計画をつくること、指導案をつくることが「教材研究」であると思っている人が多いようです。しかし、「教材研究」とは、その教材のもととなっている題材の「素材研究」と、子どもがその題材に抱くであろう抵抗を分析する「学習者研究」と、題材と子どもたちとを結びつけるためにとるべき手立てを開発する「指導法研究」と、この三つを総合した概念です。

例えば、国語科の物語であれば、教師が一読者として物語を解釈し、その物語に子どもたちが抱くであろう抵抗を予測し、両者を結びつける手立てを開発することができと、この三つがあくまでこの順番で完了してこそ、「教材研究が終わった」と言えるのです。その意味で「授業ノート」は教材ごとにつくることをお勧めします。もちろんノートが埋まることはありませんが、続きは数年後、同じ学年をもったときに使えば良いのです。

2 「授業記録」を書く

多くの教師が事前の授業計画は立てるのに、授業記録をとりません。

忙しさにかまけて「授業の反省などしている暇はない」と言いたくなる気持ちもわからないではありません。しかし、これは声を大にして言いたいことですが、人を育てるのは「計画」ではなく「反省」なのです。

私は年に何十回と研究会に招かれることがあります。そうした場で様々な有名な実践者と同席することがあります。そうした方々と話していて、そういう人たちに共通しているのは、若い頃に授業記録をとっていたということです。授業メモではありません。授業記録です。一時間の授業を成果と課題を踏まえて、一本の原稿とするようなイメージです。

授業記録を書くためには、自分の指導言を自分の意図ではなく、子どもたちへの機能度で捉えなくてはなりません。また、子どもたちの発言を覚えていることはもちろん、子どもたちの思考がどのように移り変わったのかを分析しなければなりません。こうした毎日の営みこそが、実は授業力を大きく向上させていくのです。

そんな時間はない。そういまの若い人たちは言いそうですが、そんなことを言っていては、いつまでも余裕のない生活が続くだけです。

3 「授業の録音」を聞く

自らの指導言を、教師としての語りを向上させようと思ったら、何を措いても自分の授業を録音して聞くことです。録画でも良いのですが、録画だと大がかりになってしまいますし、カメラの存在が子どもたちにも影響を与えてしまいます。私は録音が良いと感じています。

私は週に一度、月曜日の最初の授業を録音し、それを一週間にわたって通勤の車で聞き続けるという生活を新卒五年目から七年目まで三年間送ったことがあります。ちょうど通勤時間が片道四十五分ほどかかっていた時期で、一時間の授業がちょうど片道の通勤時間くらいだったのです。

自分の授業を聞いていると、「ここはこうすれば良かった」とか「ああ、この子のつぶやきを拾えなかったな」とか「あっ、この子の発言、自分は勘違いして捉えていたな」とか、いろいろなことに気づかされます。しかも、同じ授業の録音を何度も聞くことで、そうした気づきが重層的に深まっていき、次第に自分の授業を分析的に聞くようになっていきます。こうした営みは、間違いなく教師を大きく成長させます。最初は耐えられないほどにひどく感じられますが、自分の成長も大きく実感することができます。

4 日常の授業に課題意識をもつ

自分の授業の録音を聞いていると、自分では意識していない癖を発見したり、指導言の言い直しによって意味が変わっていたりということが、次々に発見、意識されるようになっていきます。そういうネガティヴ事象を見つけたら、それを意識しながら授業をするようにしていきます。

私は授業の録音を聞きながら通勤していた頃、ある時期は自分の言葉から「ええと……」とか「あのう……」をとることを、ある時期は「最初に結論を言ってから具体例を述べる」という指導言の構成を課題にしながら授業に取り組んでいました。一週間振りに授業を録音して聞いてみると、こうした課題意識をもって授業に臨むと、先週と比べて格段に自分が自分自身を進歩させていることに気づきます。わかりやすく聞きやすい話をするというのには、訓練が必要なのです。

こうした日常の授業における課題意識と授業の録音とにはセットで取り組むのが良いと思います。しかも録音は毎日ではなく、進歩が実感できるような一週間一度程度の割合が良いとも感じています。

一年も経つと、授業は見違えるようなものに変わるはずです。

5 先輩教師の「板書」を見る

同僚の板書をチェックしましょう。

多くは黒板一面に綺麗に板書されているものです。そういう板書から構造的に板書するということはどういうことなのか、学ぶことができます。

しかし、それ以上に私がお勧めしたいのは、一時間の授業の板書が構造的でも美しくもない授業をしている先生です。メモみたいな殴り書きとか絵図しかないという先生はもっと注目です。そういう先生の授業を受けている子どもたちに、どうしてこれしか板書がないの？　と訊いてみましょう。そしてノートを見せてもらいましょう。ここで子どもたちのノートがしっかりしているようなら、間違いなくその先生は一級品の授業をされる先生です。学ぶに値する先生です。

同僚にそうした先生を見つけたら、授業をちょっと覗いてみましょう。できれば、一時間いっぱい見せてもらいましょう。そういう板書しかしない先生は指導言によって子どもたちに学習活動に取り組ませているか、子どもたちの交流活動を中心に授業を進めているか、或いはテレビやＩＣＴ端末に指導内容を提示しているかです。そうした先生からは必ず、子どもの動かし方や教材研究の在り方などが学べるはずです。

6 「研究授業」を繰り返す

研究授業をいやがる教師は、既に授業研究者としては終わった人です。いくら地元で有名であったとしても、いくら校務で多くの仕事に取り組んでいたとしても、授業者としてはもう停滞している人です。いま以上に伸びることはなく、あとは落ちていくだけの先生です。教師は機会があれば、年に何度でも研究授業を引き受けるべきですし、あらたまった研究授業の場ではなくても授業を公開すべきです。

同僚に声をかけて、数人にちょっと見てもらうだけでも充分な研究授業です。ちょっとしたコメントをもらえるだけで、充分に益になります。

若い先生は年一度、分厚い指導案をつくってみることをお勧めします。私は新卒以来、毎年五十枚以上の指導資料を必ず一つはつくるようにしています。一つの教材とか一つの単元について、素材研究から指導法研究、子どもたちの反応、授業の分析を、先行文献や参考資料をふんだんに集めて徹底的な授業研究をします。こうした資料は年に幾つもつくるというわけにはいきませんが、年に一度つくるだけでも十年経てば十回やることになります。授業というものをさまざまな観点から分析してみることに年に一度取り組むことは有形無形の大きな財産となっていきます。

7 「校内研究」を大切にする

自分の授業づくりは、勤務している学校の子どもたちを対象としたものです。一般的な授業論、授業づくりの手法を学ぶことはもちろん大切なことですが、「学習者研究」の具体的な話は同僚との共同研究が最もふさわしいのです。

当たり前と言えば当たり前のことですが、多くの本を読んだり、たくさんの研究会に参加したりという教師は、割とこのことを忘れがちになります。

校内研究では、いま自分の目の前にいる子どもたちをどうするかという視点で研究が行われています。自分の実践現場と直接的につながっている、そういう研究が行われている研究の場は、世界広しといえども校内研究の場だけです。

そこには有名な講師もいないし、目を見張るような教育理論もないかもしれません。しかし、そこでは決して空中戦ではない地上戦、地に足のついた交流が行われています。しかも、普通の教師が普通に行えるような、現実的な取り組みが議論されているはずです。

校内研究は実は有名講師の講演会に参加するよりも、はるかに有益な情報が多い場なのです。そう思えないとすれば、その要因は同僚にではなく自分自身にあります。自分の意識が勤務校に「参画」していないのです。

8 「地元の研究会」で学ぶ

校内研究が大切なのはいま述べた通りですが、校内研究だけではいけません。校内研究というものは、授業を論じる視点がその学校の独自性、その地域の子どもたちの独自性に偏る傾向がありますので、一般性がありません。そこで地元の研究会です。若いうちは地元の官制研究会には絶対に参加しなければなりません。

地元の官制研で行われていることは、大まかに言えば二つです。一つは学習指導要領や文部科学行政の方針の紹介であり、いま一つはその市町村の地域性と学習指導要領の方針とをどう結びつけるかという議論です。この二つの視点を若いうちからもつこと、この二つの議論の中で教師生活を送っていくことは、これからの授業づくり、教師生活にとって必要なことです。三十代も半ばになると、学校で中核的な仕事をしなければならなくなっていきます。教育課程を編制する役割を担うことになるわけです。そうした立場になって困る人と困らない人との違いは、こうした官制研の場に身を置き続けてきたか否かが決めると言って過言ではありません。

官制研究会への参加というと、とかく授業実践案の集積を目的に参加しがちですが、大切なのは公開授業以上にその後に行われる協議の議論なのです。

9 「発展途上人」から学ぶ

長く教育界に君臨してきた超有名講師の講演会……。残念ながら、学べるものはほとんどありません。もちろん言っていることは正しいのですが、理念的過ぎて、自分の明日の授業に活かすというタイプの提案ではないのです。既に現場をもたない先達の提言は、授業づくりを具体的に改善しよう、改革しようと考えている教師の学びにはなりにくいという特徴があります。彼ら彼女らの提案は既に、彼ら彼女らの歩んできた人生と不可分の提案にすぎません。

既に授業をしなくなった管理職や指導主事の助言、現場を離れて何年も経った現場上がりの研究者の提言にも同様の傾向があります。

私は若い教師は「発展途上人」からこそ学ぶべきだと考えています。いま現在、現場をもっていて、しかもその現場での事実をもとに等身大の提案をしている……そういう現場人にこそ学ぶのです。彼ら彼女らの提案は荒削りだったり、思い込みが激しかったりもしますが、必ず「子どもたちに機能させるためにどうしたか」という視点が事実として語られます。そうした地に足のついた実践から導き出された提案こそが実は聞くに値する提案なのです。

10 「研究仲間」をもつ

私が「研究集団ことのは」というサークル活動を始めて既に三十年になります。サークル仲間との出会いは初任者研修でした。月に一度、同じ悩みをもつ、同じ世代の人間が集まって、ああでもないこうでもないと語り合うことを習わしとしてきました。私の提案のほぼすべてが、このサークル例会の中で思いついたことを基盤にしていると言って過言ではありません。

「研究集団ことのは」は、いまなお、月に一度の定例会を欠かしません。もしもこのサークルがなくなってしまったとしたら、私の実践は進歩を止めるに違いありません。校内で先輩から学ぶ、各種研究会で先達から学ぶ、どちらも大切なことです。しかし、同世代の人間が喧々諤々議論する場をもつことは、それ以上に重要なことです。ときには愚痴をこぼし合ったり傷を舐め合ったりすることもあるかもしれません。しかし、多くの人間は強くはありません。愚痴を聞いてくれる人も傷を舐め合う人も人生には必要なのです。

そして月に一度くらいは、何の遠慮もなく馬鹿話に花を咲かせる時間があるべきなのです。大笑いすることもまた、「修養」なのです。

教材研究力を向上させる一〇の原則

「教材研究」ができない教師が増えています。正確に言うと、「教材研究」とは言えない取り組みを「教材研究」だと思い込んでいる教師が増えているのです。そういう教師は、指導書を読んでもネット上の実践記録を読んでも、実は読めていません。もちろん自分では読めて理解できているつもりなのですが、読めていないのです。

　実は、この「教材研究力の向上」にあたって、どのような書き方をするか迷いました。若手教師向けの初級編という本書の正確上、簡単に文章の核をつかめる方法を提示しようかとも思いました。事実、第二章の他の九節は基礎的な事

柄だけで構成しましたから、「教材研究」もそうした構えで書こうかとも思ったわけです。

しかし、いろいろ考えて、本格的な教材研究法の「入口」部分を書くことにしました。これから四十年続く教師生活において、軽薄短小な教材研究法について知るよりも、本格的な教材研究とは何か、その方向性を学ぶことの方が有益だと考えたからです。また、本格的な教材研究に取り組んだことのない教師に、実は軽薄短小型の教材研究法は理解できないと感じたからでもあります。この「入口」の紹介を、教材研究に勤しむ教師への第一歩にしていただければ幸いです。

教材研究力を向上させる10の原則

1 「教材研究」には三つの過程がある
2 一度「素材研究」の妙を経験する
3 一文一文を検討する
4 「文章を読む」ということの意味を知る
5 「語り口」を読む
6 ディテールに関心を向ける
7 教材が読めないと指導書も理解できない
8 ディテールに配慮できるようになる
9 「素材研究」が「学習者研究」「指導法研究」につながる
10 「研究仲間」と議論する

1

「教材研究」には三つの過程がある

前にも述べましたが、国語の「教材研究」は次の三つの過程でできています。

【素材研究】その文学作品を教材としてではなく、一読者として、自らの読解力・鑑賞力の総力を上げて読むこと。
【学習者研究】子どもたちの読みの傾向を分析し、その教材がどのように読まれる可能性があるか、どの程度の解釈分派が現れ得るかを想定する。
【指導法研究】その教材を授業するにあたって、どのような学習活動が相応しいか、どのような指導言（発問・指示・説明）が相応しいか立案する。先行実践の研究を含む。

しかし、すべての教材の授業準備でこの過程を経ることは不可能です。それではどれだけ時間があっても足りません。ですから、この過程を経るのは年に一教材程度と考えるべきです。逆に言えば、年に一教材は必ずこの過程を経るということでもあります。

2 一度「素材研究」の妙を経験する

三つの過程を経て本格的に「教材研究」する教材は、二学期後半の教材を選びます。そして夏休みにその教材の「素材研究」をします。

多くの場合、物語・小説の授業がうまくいかない理由の第一は、教師がその教材文をよく理解していないことにあります。ですから、授業するにしても指導事項が曖昧になり、何をどう授業して良いかわからないという状態に陥るのです。

この状態から脱するためには、一度、教材文を理解しているとこんなに授業が変わるのか、という状態を経験しなくてはなりません。この経験をもたない限り、四十年以上に及ぶ教員生活はずーっとそのままです。教材の意味・意義がわからないままに、指導書を頼りになんとなく曖昧な授業をし、「指導書使えないな。もっと明確にマニュアル化しろよ」と愚痴り続けるだけの教師生活になります。

しかし、国語科の指導書もまた、教材文をよく理解している人が書いていますから、教材文を理解していない人にはその意図が通じにくいものになっているのです。多くの教師は教材文を読む能力を欠いているので、実は指導書を読む能力にも欠けているのです。厳しいようですが、それが現実なのです。

3 一文一文を検討する

例えば、「少年の日の思い出」(ヘルマン・ヘッセ作/高橋健二訳)は次の一文から始まります。

客は夕方の散歩から帰って、わたしの書斎でわたしのそばに腰かけていた。

例えば、一読してストーリーを確認した後、この一文をゆっくりとノートに視写してみます。或いはゆっくりワープロ打ちしてみます。皆さんはこの一文からどんな疑問を抱くでしょうか。

「客」は一人で散歩に行ったのでしょうか。それとも「わたし」も同伴したのでしょうか。夕飯は既に終えたのでしょうか。それともこれからなのでしょうか。二人はなぜ、書斎にいるのでしょう。「わたしのそば」とは隣でしょうか、向かいでしょうか。それとも机や窓のさんといった椅子以外のものに腰かけているのでしょうか。「客は」がもしも「客が」だったとしたら、この文の意味はどう変わるでしょうか。こんなことを考えながら、一文一文読み、そして疑問点をメモしていくのです。

4 「文章を読む」ということの意味を知る

こうした自分自身が抱いた疑問は、子どもたちがこの教材に出会ったときの初発の疑問と同じ質のものです。ああ、子どもたちはこんな風に新しい教材と出会ったときにわからないことだらけなのだなあ、と実感的に捉えることができるようになります。

また、もしも最終的にその一文が教材全体の鍵となる一文だとわかった場合、自分が抱いたこうした疑問は発問の候補にもなっていくはずです。読み進めていくうちに疑問が解決される場合もたくさんあります。その場合には、「この発問の答えはここにある」と理解されるようにもなっていきます。要するに、教材本文に根拠を見出せる「発問」と「解答」の対応を一つ手に入れることになるわけです。

こんな風に読んでいくと、小学校の短い教材でも二日程度、高学年の物語教材なら三日程度、中学校の長めの物語・小説教材なら五日程度かかるはずです。夏休みに出勤して、どこか一人になれる特別教室にこもって、こんなことに取り組んでみるわけです。二〜五日くらいなら、出勤して今後のためになにか有意義なことに取り組んでみても良いのではないでしょうか。いずれにしても、一教材でもこうした読み方をしたことがある人とない人とでは、「文章を読む」ということの意味に天と地ほどの違いが出ます。

5　「語り口」を読む

「ごんぎつね」は次の一文から始まります。

　これは、わたしが小さいときに、村の茂兵というおじいさんからきいたお話です。

「ごんぎつね」を一文一文視写しながら読めば、どんな人も最初にこの一文に引っかかるはずです。「わたし」ってだれ？　「茂平」ってだれ？

　むかしは、わたしたちの村のちかくの、中山というところに小さなお城があって、中山さまというおとのさまがおられたそうです。

「ここ、どこ?」という疑問も生まれます。しかし、一般には次の一文から「ごん」の紹介が始まることで、もう読者は「ごん」に夢中になってしまって、「わたし」や「茂平」さんのことなど忘れてしまいます。しかし、一文一文読んでいく人は、「ごん」と「兵十」の物語を語っていく「わたし」の語り口に目が向いていくようになります。

6 ディテールに関心を向ける

「わたし」なる語り手の「語り口」を気にしながら読んでいくと、物語の描写中に見られる「副詞」や「副詞句」、「文末表現」、「比喩」なども、この「わたし」なる人物が「語り」として用いているのだということが見えてきます。言葉遣いのディテールにも関心が向くようになってきます。文学的文章教材の「素材研究」とは、こうしたレベルの検討のことを言うのです。

「ごん」が「兵十」の母親が亡くなって、「兵十」も自分と同じように孤独になったことを知ったとか、「兵十」は「ごん」憎さに火縄銃でドンと撃ったとか、「青いけむり」が筒口からまだ出ているから一瞬の出来事だったとか、そうしたレベルのことは「ストーリー」内の「出来事」であって、読めばだれでもわかることに過ぎません。実は子どもたちでも、子どもたち同士で話し合っていけば自力で到達できるようなレベルのことに過ぎないのです。しかし、「わたし」の「語り口」としてこのような副詞が使われているとか、このような「文末表現」が用いられているとか、こうしたレベルのことは子どもたちが自力で到達するのはほぼ不可能です。教師はそのレベルのことを理解していないと、実は授業を機能させられないのです。

7 教材が読めないと指導書も理解できない

こうしたレベルの読みを一度でも経験すると、教科書の赤刷りの指導書に書いてあることも、一つ一つが「そういうことか！」と合点がいくようになってきます。こうした読み方をしたことのない教材であっても、ここに赤で解説されているのはこういうことなのだな、と理解できるようになっていきます。こうした感覚で理解されていくことが、「指導書が読める」という状態なのです。

私がさきほど、「多くの教師は教材文を読む能力を欠いているので、実は指導書を読む能力にも欠けている」と言った意味が、少しは理解していただけたでしょうか。

「文章が読める」ということは、このように一言一句おろそかにすることなく、なぜ書き手がそのような表現を用いたのかという書き手の意図を含めて理解することなのです。しかし、現実はそのように文章を読める人はなかなかいません。Twitter のようなたった一四〇字の文章さえ、書き手の言っていることを読めている人はほとんどいません。

Twitter でよく、「曲解された」と言って言い合いが起こっていますが、あれは「曲解」ではありません。わざわざ曲げて理解しているのではなく、「理解する能力」そのものが欠けているのです。

8 ディテールに配慮できるようになる

私は前に、「言葉のディテールにこだわれる人ほど国語学力が高い」と言いました。「言葉のディテールにこだわる」は、書き手が細部にまでこだわって書いた文章の、その細部にまで配慮しながら理解しようとする態度のことです。或いは発話者として、細部にこだわって表現しようとする態度のことです。ここで使う助詞を「は」にするか「が」にするかを検討する人のことであり、これはまだ検討段階だから「だ」や「です」で断定してはいけない、と意識しながら表現する人のことなのです。

国語学力の高い人は、理解にしても表現にしても、そうしたレベルのことに配慮しながら言語活動を行っています。そして私たち教師は、国語の授業において、子どもたちにそうした配慮ができる社会人になってもらうために授業をしているのてす。

もちろん、「完璧に」は無理です。しかし、それを目指そうとしている教師が国語を教えるのと、そんなことを考えたこともない人が国語を教えるのとでは、子どもたちへの授業の機能度は天と地ほどに異なるのです。

子どもたちにとって価値ある国語の授業をするために、夏休みに数日の「素材研究」に取り組むくらいは、やってみても良いのではないでしょうか。

9 「素材研究」が「学習者研究」「指導法研究」につながる

夏休みに「素材研究」に取り組んでみると、二学期は常に、二学期後半に行うその教材の授業を念頭に置きながら国語の授業をすることになります。

子どもたちには、教材に対する反応としてどういった傾向があるのか。あの子の勘違いはどこから生まれたのか。あの子の鋭い意見はどのような思考を経て到達されたものなのか。だれとだれが授業についてこられていないのか。そうしたことがこれまで以上に気になるようになってきます。そしてそれこそが「学習者研究」なのです。

ここまで来れば、二学期後半に「素材研究」した教材に取り組むとき、何を目標にすれば良いのか、どのような指導展開にすれば良いのか、どのような学習活動を採用すれば良いのか、といったことが自然に考えられるようになっていきます。他の先生はどんな学習活動を採用しているのかということも気になり始めます。何か良い先行実践があるのかもしれないと、書店に足を運ぶということにもなるかもしれません。ネット書店では実際に中を見たり、他の書籍と比較するということがなかなかできません。

こうして「素材研究」が「学習者研究」を生み、「素材研究」と「学習者研究」とが「指導法研究」を生むという良いサイクルが生まれるのです。

10 「研究仲間」と議論する

こうした「教材研究力」においても、一人でできることには限界があります。研究仲間がいると、更に広く、深い教材研究ができるようになります。

その際、研究仲間は、年の離れた先輩教師や地元で名の知れた先達というのは相応しくありません。できれば同世代の、経験年数も同じくらいの教師が集うのが良いのです。年長の先達と一緒に教材研究していると、どうしても上下関係が生まれます。人間関係の上下関係ならば構わないのですが、研究的な上限関係が生まれてしまい、年長者の教材研究が正しいという雰囲気がなんとなく出来上がってしまうのです。自分の感覚でディテールにこだわるというのではなく、先達の教材研究方法に引っ張られて行ってしまいがちになります。それではいけません。ほんとうのところ、そうした姿勢では自分自身の文章を読む力が高まらないからです。

同世代が集い、遠慮なく議論する。だれが正しいとか、だれが上だとかが一切ない関係で、互いに思ったことを思った通りに主張し合う。自分が正しいと思ったことは主張し続け、誤っていたときには素直に誤りを認める。そうした議論が行われてこそ、「教材研究力」が無限に高まっていくのです。

あとがき

坂本龍一さんが亡くなったことに大きなショックを受けています。

もう、悲しくて悲しくて、しばらく仕事が手につかないほどでした。

僕は自分が坂本龍一のファンであるということを意識したことがほとんどありませんでした。むしろ自覚的には、高橋幸宏さんのファンであり、日常的にアルバムを繰り返し聴くのはユキヒロのアルバムの方でした。しかし、坂本龍一の死には、やはり数か月前に亡くなった高橋幸宏に抱いた悲しみとは次元の異なる悲しみが襲ってきたのです。

なぜなんだろう。僕はユキヒロのファンだったはずなのに。でも、いろいろと考えているうちに、なんとなく僕にもわかってきました。

坂本龍一、高橋幸宏ともに、出会いはイエロー・マジック・オーケストラ（以下YMO）です。一九七九年、僕が中学一年生のときです。若い読者の皆さんには馴染みがないかもしれませんが、それまでの日本の音楽が、演歌を除けばどこか洋楽のモノマネだったという印象を払拭してくれたのがYMOでした。瞬く間に日本中を席巻し、ワールドツアーを成功させ、もはやYMOを知らない者は地球上にいないのではないかという雰囲気にさえなりました。

その後、忌野清志郎との「い・け・な・いルージュマジック」の大ヒット（一九八二）、映画「戦場のメリークリスマス」（大島渚監督／一九八三）のヨノイ大尉役と音楽、アルバム「音楽図鑑」（一九八四）の大ヒット、映画「ラストエンペラー」のサウンドトラック（一九八七）、CMを機に大ヒットしたピアノソロ曲「エナジー・フロー」（一九九九）、二十一世紀に入ってからは村上春樹原作の映画「トニー滝谷」のサントラが僕には印象的である。

僕らの青春期は「ポストモダン」を合言葉に、現代思想や新しい世代の小説家がそれまでにない流行を示した時代だった。その中で、村上龍との共著『EV.Cafe　超進化論』の講談社文庫版（一九八九）は僕らのバイブルの一つでした。また、僕は学生時代から中学校教師としての最初の十年間、演劇に携わっていたのですが、そこでも坂本龍一が民族音楽ユニット「ダンスリールネサンス合奏団」とコラボした音楽（「エンド・オブ・エイジア」一九八二／「サラセンの夢」一九八三）をずいぶんと使わせてもらったものです。

その他にも、かつて私生活でのトラブルを「エナジー・フロー」を聴いて乗り越えたり、数年前の愛犬の死も坂本龍一の「Solitude」という曲をずーっと聴いていた記憶があります。僕にとって、坂本龍一は常にすぐ横にいたミュージシャンだったのです。と、考えれば考えるほど、坂本龍一という人物は、その音楽を聴いてきたということ以上に、十代以来、自分の生活に浸み込んでいたのだということを改めて認識せざるを得ませんでした。本書の読者の皆さんは、二十代の若い教師が多いのだろうと思います。きっと、自分よりひと世代前の、偉大な著名人が次々に亡くなっていく、そんな時代が来るのは三十年から四十年先のことでしょう。そのとき、いま、僕が感じているような、何とも言いようのない感慨に浸ることになるのだろうと思います。

おそらく、物語とか小説とか詩とか、いわゆる「文学」と呼ばれるものも、その本質はこういうものなのだろうと思います。普段は大きく意識していないけれど、長きにわたって触れ続けていることでいつの間にか自分の生活に浸み込んでいた。そんな感慨として自分の人生の後半になって意識の中に強烈に立ち上ってくる。そういう性質をもっているのだろうと思います。

もしかしたら、あなたは「文学」というものをそれほど重視していないタイプの方かもしれません。あなた自身にとっては、「自分の人生に文学は必要ないな」と思われることもあるのかもしれません。しかし、あなたは教師なのです。目の前にいる子どもたちの中には、人生に「文学」を必要としている子がいるかもしれません。その子に対応できるような授業ができないでいるとしたら、心ならずもあなたのそうした嗜好性がその子の可能性を摘んでしまうのだとしたら、僕はそれを大問題だと思うのです。

物語・小説教材の授業は、はっきりと教えることが決まっていて、それを扱えばなんとかなるという質のものではありません。教師の文学に対する知識や感性、総じて言うなら「存在」そのものが子どもたちに良き教材となる、そうしたタイプの教育世界です。学級経営や生徒指導・支援と同じように、「教え方」とともに「在り方」が問われる。そんな領域なのだと思います。

この度も、編集の及川誠さん、杉浦佐和子さんにたいへんお世話になりました。この場を借りて深謝致します。

the End of Asia/ 坂本龍一 +ダンスリー　を聴きながら……

二〇二三年五月　自宅書斎にて　堀　裕嗣

【著者紹介】
堀　裕嗣（ほり　ひろつぐ）
1966年北海道湧別町生まれ。北海道教育大学札幌校・岩見沢校修士課程国語教育専修修了。1991年札幌市中学校教員として採用。1992年「研究集団ことのは」設立。
［主な著書］
『よくわかる学校現場の教育心理学　AL 時代を切り拓く10講』（明治図書，2017年）
『個別最適な学びを実現する　AL 授業10の原理・100の原則』（明治図書，2023年）
『ミドルリーダーが身につけたい　教師の先輩力10の原理・100の原則』（明治図書，2023年）
『新任３年目までに身につけたい　教師の指導術10の原理・100の原則』（明治図書，2023年）
『教科書と自主開発教材でつくる　道徳授業10の原理・100の原則』（明治図書，2023年）

〔本文イラスト〕木村美穂

主体的に読む力をつける
国語授業10の原理・100の原則　文学初級編

2023年７月初版第１刷刊 ©著　者　堀　裕嗣
発行者　藤原光政
発行所　明治図書出版株式会社
http://www.meijitosho.co.jp
（企画）及川　誠（校正）杉浦佐和子
〒114-0023　東京都北区滝野川7-46-1
振替00160-5-151318　電話03（5907）6703
ご注文窓口　電話03（5907）6668

＊検印省略　組版所　株式会社アイデスク

Printed in Japan　ISBN978-4-18-269625-1

GIGAスクール構想で変える！ 1人1台端末時代の学級づくり

樋口万太郎 編著
中西和也・井上美鈴・山口 翼・西村祐太 著

1人1台端末は学級経営でこう活かす！ICT活用アップデート術

授業づくりと両輪となる学級経営で，1人1台端末はこう活かす！メリットとデメリットを踏まえた上で取り組む低学年・中学年・高学年別の1年間の実践モデルに加えて，リアルな日々のエピソードで綴る奮闘記も収録した，ICTをフル活用した1年間の学級づくり入門書です。

A5判　168頁
定価 2,310円(10%税込)
図書番号　4219

GIGAスクール構想で変える！ 1人1台端末時代の国語授業づくり

樋口万太郎・若松俊介・樋口綾香 著

1人1台端末を国語授業でどう活かす？物語文・説明文の授業づくり

GIGAスクール構想や環境の変化により，ICT活用が加速しています。1人1台のタブレットPC導入で，国語の授業づくりも確実に変わります。1人1台端末時代の国語授業づくりについて，はじめの一歩から有効な使い方，授業モデルまでをまとめた入門書です。

物語文編
A5判 112頁 定価1,980円(10%税込) 図書番号4331

説明文編
A5判 120頁 定価1,980円(10%税込) 図書番号4332

学級＆授業だけじゃない！ センセイの「仕事」入門 130

山本純人 著

困ったところに手が届く！センセイのちょっとした仕事のヒント集

先生の仕事は，学級と授業の枠だけに収まらない！学級づくりのスケジュール管理から，職員室での過ごし方，仕事の段どり・時間管理から，気分転換の方法まで。教師として身につけておきたい基礎基本から，ちょっとした一工夫までを網羅しました。

A5判　144頁
定価 2,090円(10%税込)
図書番号　3840

個別最適な学び × 協働的な学びを実現する学級経営

赤坂真二 著

個別最適な学びと協働的な学びを実現する10ヶ条とは？

個別最適な学びと協働的な学びを実現する学級経営とは？赤坂先生と8名の先生による，共創的対話。個別最適な学びと協働的な学びを実現する10ヶ条から，ミクロとマクロの協働，自己調整学習によって保障される個別最適な学びなど，取り組み方のアイデアが満載の1冊。

A5判　256頁
定価 2,860円(10%税込)
図書番号　3192

明治図書　携帯・スマートフォンからは **明治図書 ONLINE へ** 書籍の検索、注文ができます。▶▶▶
http://www.meijitosho.co.jp　＊4桁の図書番号で、HP、携帯での検索・注文が簡単に行えます。
〒114－0023　東京都北区滝野川7－46－1　ご注文窓口　TEL 03－5907－6668　FAX 050－3156－2790